本书系全国教育科学"十四五"规划2021年度教育部青年课题"职教改革背景下高职学生学习力提升研究"（课题批准号：EIA210428）阶段性成果

高职学生学习力研究

李思玲　胡海建　余畅◎著

吉林大学出版社

·长春·

图书在版编目（CIP）数据

高职学生学习力研究 / 李思玲, 胡海建, 余畅著. --
长春 : 吉林大学出版社, 2023.10
ISBN 978-7-5768-2377-6

Ⅰ.①高… Ⅱ.①李… ②胡… ③余… Ⅲ.①高等职
业教育—大学生—学习方法—研究 Ⅳ.①G715

中国国家版本馆CIP数据核字(2023)第212212号

书　　名：高职学生学习力研究
　　　　　GAOZHI XUESHENG XUEXILI YANJIU

作　　者：李思玲　胡海建　余畅
策划编辑：米司琪
责任编辑：米司琪
责任校对：王　蕾
装帧设计：晨曦印务
出版发行：吉林大学出版社
社　　址：长春市人民大街4059号
邮政编码：130021
发行电话：0431－89580028/29/21
网　　址：http://www.jlup.com.cn
电子邮箱：jldxcbs@sina.com
印　　刷：吉林省极限印务有限公司
开　　本：787mm×1092mm　　1/16
印　　张：9.25
字　　数：140千字
版　　次：2023年10月　第1版
印　　次：2023年10月　第1次
书　　号：ISBN 978-7-5768-2377-6
定　　价：56.00元

序

在真正接触学习力之前，有几个困惑一直盘踞在我内心。我们自上学起，就处于"教"与"学"的生态中，为什么在同样的教学环境中，同一个老师以同一种教学方式，却能够产生千差万别的学习结果？为什么在同样的教学过程中，有的学习者一点就通，有的却事倍功半？为什么我们身边总有一些人无论学什么都既快又到位，这种情况却不能简单归咎于天赋、智商、努力或运气，那应该如何解释？为什么有些学习者无法将自己在读书阶段的优秀表现延续到社会工作中，他们的社会表现停滞不前；而有些学习者却反过来摆脱了读书阶段的负面标签，在社会上大展身手？这些现象激发了我对这些问题开展探究的想法。

硕士毕业后，我在一所高职院校工作。作为一名教学者，我深知教书育人学问深，锻造人才的工作是一丝马虎眼也打不得，必须经常思索、严谨慎重。但在教学活动中，我发现包括自己在内的许多教学者常常出于师者的天然立场，对"教"的重视盖过了对"学"的关注。我们经常谈"以学生为中心"，但真正落实起来并不容易，症结就在于，如何跳出教学者"教"的视角，站在学习者的角度思考"学"的问题——持怎样的出发点去学，用什么样的方法更好地学以及怎样保证终身持续学。在后面的学习和工作中，我开始大量地搜集相关的学习研究文献，特别是对学习者学习过程、状态的描述和解释，并尝试以自身学习和工作经历去理解。通过长期的文献梳理阅读和实践探索，我发现，"学习力"可以是这类问题的一个解释口径，这为本研究提供了较明确的方向。

之所以选择高职学生作为研究对象，是因为我长期工作在高职教育教学一线。我曾做过辅导员、社团指导老师、专任老师，经常与同行有一些交流，对高职学生的学习情况有相对充足的感性认知。之所以说是"感性认知"，是因为这种了解多数基于日常工作中与学生的接触，仍然停留在现象层面。十几年来，我教过的高职学生确实因经济社会发展和时代的变迁存在着学习上的不同特点，学生从"90后"到"00后"、从以普高生为主到扩招后生源成分复杂，他们从认知、兴趣、情绪倾向、价值取向等方面都呈现出多元化面貌。从时间纵轴来看，高职学生的变化是比较显著的。但从高职学生群体的整体学习情况看，仍然有较为稳定的特征。多年来，我给学生做的学情调查显示，他们思维活络、兴趣广泛、实践能力强，但同时普遍存在知识积累不足、学习敏感度不高、学习自控力薄弱、学习目标感模糊等问题。课堂上，许多学生对常识型知识比较茫然，也很少有求知若渴的表现，每当教师布置积极思考或发言讨论的任务时，学生常有畏难甚至抵触情绪。他们对课程的学习目标多数处于"能及格就好"，有部分学生对自己的人生规划是"赚大钱"，但行动上他们高度认可"躺平学"，这意味着他们的当下行动和人生目标是相脱节的。诸如此类的问题还有很多，也不难理解：长期遵循的"层次教育"模式，通过高考分数筛选学习情况好的学生接受本科教育，相对低分的学生只能接受专科教育，其中一部分学生就上了高职院校，进入高职的学生在过往的学习经验和自我效能感上必然是相对消极的，这是他们"先天不足"的地方。但在理解这些情况的同时，我又深感惋惜，因为长期接触下来，我发现这些高职学生在学习上甚至个人命运上有着"无力感"。他们或许并不符合我们常规定义的"好学生"，但作为接受教育的个体，应该有权利和机会获得相对公平的"教育待遇"，应该在他们擅长的领域充分发挥自己的聪明才智，他们需要有"后天弥补"的机会——这是我之所以特别关切高职学生学习力的重要原因。对学生个人而言，学习力的提升能帮助他们更好地弥补"先天不足"的情况，找出自身存在的问题，并为其寻得可持续发展的方式，个人价值的实现路径将更为宽广。对整个社会而言，技术技能型人才学习力的普遍提高是这个群体提高素质的重要方式，未来需要的是具有持续学习、有效学习、不断适应变化发展能力的高度复合型人才，这些素质的关键核心就是学习力。我们一直在提"人才强国"，但人才不只是高学历的高精尖人才，大量的基础性工作需要信得过、靠得住、扛得起的技术技能人才，如果这个群体学习力匮乏，如何撑得起未来国家和民族的发展？

在以上原因的驱动下，我开始尝试对高职学生学习力展开研究，并作为主持人在2021年以"职教改革背景下高职学生学习力提升研究"为题成功申报全国教育科学"十四五"规划课题（课题批准号：EIA210428）。本书是该课题的研究成果。依托此课题，笔者调查分析了当前高职学生学习力现状和存在问题，获知高职学生在学习力上的差异情况和影响因素，并进一步探讨了高职学生学习力的实践进路，力图为学习研究的纵向深入发展和高职教育改革发展助一点儿力，为高职学生学习发展探一探路。

李思玲

2023年2月6日

目　录

导 论

教育最重要的是释放学生的学习力。

——钟杨

与学生学习相关的问题一直是教育中绕不开的重要命题。随着时代进步和社会发展，学生学习问题越来越凸显其重要意义。如何衡量学生的学习力？如何深化和延展学生的学习力？如何通过提升学生的学习力反过来作用于学生的学习状态……这些问题最终指向了"如何促进人的发展"这一教育学根本问题，也是本书对学习力探索的根本要旨。

中国高职教育是高等教育和职业教育的重要组成部分，肩负着高素质技术技能人才的培养任务。近几年，中国对职业教育的关注呈现出前所未有的重视和发展决心，从中央层面提出的"高职扩招"战略、"职业教育前途广阔、大有可为"的论断，到相继出台的《国家职业教育改革实施方案》《职业教育提质培优行动计划（2020—2023年）》《本科层次职业教育专业设置管理办法（试行）》《关于推动现代职业教育高质量发展的意见》《中华人民共和国职业教育法》等文件，均鲜明指出高职教育在职教改革背景下的角色和地位。面对这一关键的重大机遇和转型，高职教育应把准"培养高素质技术技能人才"的脉搏，站稳"为党育人、为国育才"的立场，坚守"人的全面发展"教育使命，是职教改革背景下高职教育寻求高质量发展的应然追求，因而，当前对高职教育质量的探讨十分必要。而学习者作为教育组织教学的对象，其学习力水平是该教育组织生存和发展的基础，也是教育质量的根本体现。因此，高职学生的学习力不仅影响着学习者自身的成长发展，也决定着高职教育的人才培养质量，甚至影响着高等教育的质量。

一、高等教育普及化使高职学生学习成为各国关注焦点

美国教育社会学家、伯克利大学教授马丁·特罗（Martin Trow）认为，高等教育分为三个阶段：精英化、大众化和普及化。当一个国家能够为15%的公民提供高等教育时，这说明高等教育从精英化阶段逐渐走向了大众化，当超过50%时，则被认为进入高等教育普及化阶段。[①]该理论一直被中国高等教育界反复引证，并作为未来发展趋势的预判。2020年，中国高等教育毛入学率已达54.4%，根据高等教育阶段理论，这说明中国的高等教育普及化时代已然到来。

观之国外教育发达地区，高等教育普及化阶段比中国更早到来。美国在1971年时首先实现高等教育普及化；20世纪90年代日本迈进了高等教育普及化阶段；1993年澳大利亚的高等教育毛入学率已达到65.06%；2006年英国的高等教育毛入学率也达到50.5%，进入高等教育普及化时代；德国的高等教育毛入学率在2005年还只有36%，但提升迅速，到2015年已达到68.3%。[②]中国高等教育普及化之路则具有本土特色，比如，2019年开始施行的"高职扩招"为普及化进程踢了加速的"临门一脚"，但大体上还遵循高等教育发展规律，与上述各国在跨越高等教育普及化进程方面异曲同工。各国的高等教育普及化经历，实质也是各国对教育与经济社会发展关系的认识深化之路。高职教育的发展与经济社会关系十分密切，高职院校所培养的技术型人才将在国家经济社会发展中起重要的支撑作用。加强高职教育发展，关注技术技能型人才学习情况，从而推动国家发展，已成为各国共识。

（一）美国

美国是目前教育最发达的国家之一，教育体系发展得比较成熟，却是典型的"单轨制"教育体系国家，也就是说，美国的高职教育并没有独立体

---

① Trow M. Problems in the Transition from Elite to Mass Higher Education [J]. Educational Problems, 1973: 57.

② 孙翠香, 林静. 美国高等职业教育: 现状、特点与启示 [J]. 职业技术教育, 2015, 36 (16): 73-78.

系，通常被纳入"高等职业与技术教育（Postsecondary Career and Technical Education, PCTE）"。有数据表明，目前美国有将近50%的岗位要求劳动者具有副学士及以上学位，近70%的工作要求劳动者有PCTE教育经历，这说明如果要在美国的劳动力市场上更具有竞争力，就需要接受这一类的技术教育或培训。八成以上的美国青少年接受了这一类"中学后"技术教育，也体现了美国民众对高职教育同等性质的"中学后"技术教育很是认可。尽管没有独立的高职教育体系，但学生接受职业教育或培训机会不少，因为此类机构广泛多样，超过80%的"中学后"教育机构都有资格并直接参与"中学后"阶段生涯与技术教育。[①]

　　除了政策和组织上的高度关注和支持，美国也一直开展"中学后"教育学生学习相关调查，如1991年开始启动的以推动"中学后"教育学生学业质量为主旨的"学习参与调查"（CCSSE）。调查至少已经延伸到加拿大、马里亚纳群岛及马绍尔群岛地区诸多"中学后"教育机构，仅2011—2013年的调查数据显示700余所学校将近五十万的学生参与了调查[②]，调查目标通常包括教师与学生，如面向新生将开展包括学生对学校印象、人际关系、对学校政策的了解度，以及学生的职业发展规划和学习上存在的问题等内容，同时面向教师开展相应调查，调查主题相同、内容相似，从不同角度获取当地"中学后"教育学生学习参与情况。这种学习性参与调查，目的在于获知学生学习过程，监督教育教学环节，最终促进学生学习效果和教育质量的提升。

（二）英国

　　长期以来，英国非常重视职业教育，把职业教育作为振兴国家经济发展的重大举措，提出了"世界一流技能"和"技能战略"的理念。英国的高职教育主要由高等教育学院和多科技术学院来组织实施教育，对高职学生综合职业能力高度关注，由政府政策部门参与制定相关标准。英国继续教育部（Further Education Unit）于1979年就在《选择的基础》文件中首次明确了

①　孙翠香, 林静. 美国高等职业教育: 现状、特点与启示 [J]. 职业技术教育, 2015, 36（16）: 73-78.

②　史秋衡, 汪雅霜. 大学生学习情况调查研究 [M]. 北京: 教育科学出版社, 2015.

综合职业能力的范畴要与英国经济社会发展密切相关。十多年后，英国资格与课程局（The Qualifications and Curriculum Authority，QCA）再次修订，进一步明确了与当时英国经济社会需求密切相关的综合职业能力应包括数字应用、信息技术等。实质上，英国对学习者综合职业能力的关注正是对高职学生学习关注的体现，因为高职学生学习是否能密切对接当地经济社会发展要求，具体来说只能从学生的综合职业表现来判断。

从课程上看，英国高职教育采用BTEC（The Business and Technology Education Council）课程模式，教学中明确学生能力目标（Specific Measurable Achievable Relevant Time-based，SMART）[①]，课程内容以职业岗位需求为依据，采取项目教学的方式，教材也是不固定的，充分体现了对高职学生个性化学习的需求。同时，英国的相应政策也为高职学习者的资格证书效用提供了极大的保障，采用国家职业资格作为评估方式，这种职业资格与普通国家专业证书、普通教育证书等具有同等效力，且可以进行互相转换，这就为英国的高职学生在学习上提供了多元方向，也为他们未来就业和发展给予了更大范围的用武之地。从某种意义上，"英国职业教育成功的标志是英国职业资格证书制度"[②]。

在质量考核方面，英国通过高等教育质量保证署（QAA）开展对高职教育的考核。QAA非常强调学生的学习和参与，"学生参与"是考核中的一个核心要素。审核专家会依据学生的学习质量、能力和信心度，参考大学生满意度调查（National Student Survey，NSS）的相关结果进行综合判断[③]，甚至将学生学习质量作为教育质量的核心来进行考量。以QAA对英国一所办学规模较大的高职学院——威根雷学院所进行的评审报告为例，报告中特别重视威根雷学院学生的建议和意见，评审小组多次与威根雷学院的学生进行交流，了解学习者的学习目标、效率、策略、成果以及学习过程中的感受，并

---

① 李津军. 英国职业教育模式 [J]. 天津职业院校联合学报，2012，14（02）：16-21.

② 刘元. 英国职业教育的评估体系及其对我国的启示 [J]. 河北职业技术学院学报，2007（02）：3-5.

③ 汪雅霜，杨晓江. 英国高等教育质量管理的核心要素——同行评议·学生参与·文化培育 [J]. 黑龙江高教研究，2012，30（05）：41-43.

以之作为解决院校问题的辅助资料。

（三）德国

虽然德国的高职教育在20世纪60年代才逐渐发展起来，但其"双元制"产、学、研高度融合模式已经被公认为最成功的教育模式之一，是"德国的第二根支柱"，极大地促进了德国经济的第二次腾飞。目前，德国有55%的学生接受"双元制"职业教育，显示德国青年更倾向于读高职院校，德国高职院校的学生也相应地受到国家和社会的高度关注。

首先，以严格的立法来确保高职学生的顺畅学习。德国18岁以下的青年如果已经完成了义务教育但没有继续求学的，都必须接受义务职业教育，所以高中毕业生中有八成接受了职业教育，只有两成接受本科教育。1968年德国首次为高职立法通过了《联邦共和国各州统一专科学校的协定》，此后相继颁布了相关的法律，如《职业教育法》《企业基本法》《培训师资质条例》《职业教育促进法》《青年劳动保护法》《德国高等教育总法》等，从法律上保证了高职教育的发展地位，也为高职学生的学习提供了文件依据和法律保障。德国设置了《职业教育法》，其中明确将各种工作岗位与具体人才对应起来，从法律形式上对职业技能人才的各方面要求做出明确规定。

其次，德国高职教育明确"以学生为本位"的理念，聚焦高职学生的学习。高职学费由企业和政府来承担，学生免付学费。高职学生在企业做实习生，企业每月要支付一定报酬。除了实习期间能够拿到较高的企业津贴，高职学生不愁就业，职业发展空间也好，工资待遇甚至比大学毕业生要高。对于学生入读高职，德国采取"宽进"的政策，学生可以通过补习获得入学资格，如果是企业职工或社会青年，还可以通过工作经验获取入学资格。①但高职学生想要毕业，要求比较严格。学生必须要参加全国统一考试才可能获颁毕业证书，而且学校对毕业设计要求很高，除了校方审核批准还需要在企业中实施。行业协会、企业高度参与德国高职课程标准的制定与考核，通过多种方式监督和提升高职学生的学习质量。

---

① 陆峰. 德国高职入学资格分析及其启示 [J]. 职教通讯，2011（23）：52-55.

（四）日本

和德国一样，日本的高职教育也为国家经济社会发展做出了重要贡献。二战之后，日本的职业教育主要分为三个部分，一是学校职业教育，二是社会公职教育，三是企业内职业教育。三种方式互相补充，形成了当时独具特色的日本职业教育体系。到20世纪90年代迈入高等教育普及化阶段后，日本的职业教育明显向高职教育倾斜[①]，通过专科学校、高等专门学校或短期大学等教育组织来实施高职教育。各学校在办学中注重教育和经济发展的紧密衔接，强调学校教育要和市场需求相结合，在课程设置、教学、工作实践中培养学生的综合职业能力，因此高职院校毕业生深受当地企业的欢迎，其中的优秀者在日本企业所获取的待遇甚至超过白领职员。所以就算是2008年日本经济危机时期，高职教育学习者的就业率仍达到99.6%，超过日本的公立大学（92.10%）与私立大学（87.70%）毕业生就业率。

日本高职学生受到社会青睐，与日本高职院校注重学生的学习密不可分。日本政府出台了一系列政策法规支持保障高职学生学习，如《短期大学设置基准》《专修学校设置基准》《职业训练法》《职业能力开发促进法》等，对职业教育的培养目标、办学层次、专业设置、教育教学方法、师资队伍建设、校企融合等方面进行规范化管理。在教学上，强调校企结合，对学生进行现场实践教育，学生从第二个学期开始在教师的指导下走访企业，并逐步确定自己的就业方向。[②]高职课程在国家分类建设学校设置标准的共性基础上进行个性化编制，紧贴学生发展实际和社会发展需求来设置学科，课程科目丰富多元化，而且学生能够通过相对自主的方式（如学分制、选课制）来选择自己想学的课程，但对学生的实践要求很高，规定必须参加课外学习，参与率甚至高达八成以上。同时，常态化组织学生参加各类国家级程序大赛、机器人大赛等，在比赛的历练中提升高职学生学习成效。职业教育人才培养取得的成效有目共睹，反过来提升了日本对高职教育的重视和对高

① 陈君，王利艳，刘旭东. 日本高等职业教育高质量化推进机制及启示[J]. 职业技术教育，2016，37（20）：70-74.

② 刘德恩. 日本人的职业精神从哪里来[J]. 河南职业技术师范学院学报，2004（03）：52-54.

职学生的认可。

（五）澳大利亚

澳大利亚的高职教育起步较早，自19世纪80年代起发展至今已有百余年历史。但直到1973年，澳大利亚职业技术教育学院（Technical and Further Education，TAFE）才正式出现。澳大利亚高等教育进入普及化阶段后，职业技术教育学院逐渐成为该国教育的主体力量，发展至今成为全球最成功、特色最鲜明的教育体系之一。

一方面，澳大利亚职业技术教育学院由澳大利亚政府负责监管，政府从政策方面对高职学生的学习提供强有力支持。一是政府制定了比较完善的职业教育法律体系，对职业教育的组织管理、经费划拨使用等方面都进行了明确规定。这些法律包括联邦法和州法，具体如《职业教育与培训法》《用技能武装澳大利亚劳动力法》《澳大利亚技术学院法》《职业教育与培训经费法》《劳动场所与平等法》等①。二是政府对职业教育的建设支持力度很大，澳大利亚所有的职业教育和培训经费都由政府统一分配。以职业技术教育学院为例，政府通过对其考核提供每年的专项经费，资助的职业技术教育学院在校生超过130万人，是大学在校人数两倍还多，居民的职业教育或培训多数是免费的，政府甚至出资帮助企业培训员工。三是政府对职业教育质量和学生学习成效评估高度关注，通过高等教育质量标准署（TEQSA）对职业技术教育学院在内的教育机构进行质量监管和审查。同时，每年也有关于高职学生学习的大规模调查——学生学习成效调查（student outcomes survey），由澳大利亚教育、就业和劳动关系部（DEEWR）、国家职业教育研究中心（NCVER）负责，调查内容主要包括教学、评价、技能、学习经历、总体会五个方面，对高职学生的学习需求、知识接受、课程体会、评价反馈、能力自测、学习成效和满意度等方面进行了较为详尽的调查。②从评估方式来看，澳大利亚的高职教育采用"基于能力本位的评估"

---

① 刘育锋.论澳大利亚职教法对我国职业教育法修订的借鉴意义[J].职教论坛，2011（01）：86-91.
② 田芸，欧阳河.国外学生评价高职教育服务质量的现状及启示——以美国、澳大利亚、加拿大、英国为例（一）[J].职教论坛，2011（04）：81-85.

（Competence-Based Assessment, CBA），体现了以学生为中心的、以结果为导向的评估原则。[①]

另一方面，澳大利亚着力建设高职教育师资。职业技术教育学院教师的门槛很高，要求教师必须接受过大学教育或相关培训并持有教师资格证，同时必须先从兼职做起，积累长期丰富的教学经验，至少拥有5年以上的教育实践并经考核合格后才有可能成为一名正式教师，个别行业甚至需要10年。对师资的重视归根结底来自对高职学生学习过程和学习成效的高度关注，只有良好的师资才能培养优秀的高职学生，创造有益于国家发展的人才资源。

在当地政府的各种有力举措下，澳大利亚民众对高职教育的认可度很高，终身教育理念也根植于他们心中。澳大利亚人才市场和雇主很愿意雇用高职学生，澳洲薪资最高的工种就是职业技术教育类岗位。澳大利亚职业技术教育学院的文凭和学分能够在全国范围内得到认可，与大学教育中的相关学科具有同等价值。"学习—工作—再学习—再工作"成为澳大利亚人的教育常态。

二、中国高职教育从"大有可为"到"大有作为"

我国对学习的研究由来已久，但对学习力的研究是在近20年才受到国内学术界广泛关注的，这与我国"人才强国"和"科教兴国"战略密不可分。2000年中央经济工作会议首次提出"要制定和实施人才战略"，随后"十五"计划纲要就专章提出"实施人才战略，壮大人才队伍"，加快建设人才强国成为国家的一项重大战略决策。2021年中央人才工作会议上强调"培养高水平复合型人才"。2022年党的二十大报告更是用专门一章强调实施"科教兴国"战略，强化现代化建设人才支撑。人才是实现民族振兴、赢得国际竞争优势的战略资源，经济社会发展第一资源就是人才，综合国力竞争的关键就是人才竞争。目前，我国正处于经济转型升级关键时期，社会迫切需要的高质量技术技能人才缺口较大，就业市场结构性矛盾突出。根据预

---

① 匡红云. 澳大利亚"基于能力本位的评估"模式及对我国高职教育质量评估的启示［J］. 上海第二工业大学学报, 2019, 36（04）：298-303.

测，未来3年我国重点领域人才需求缺口将接近三千万人，缺口率达48%。①
而人力资源和社会保障部公布数据显示，截至2020年年底，全国技能劳动者
总量超过2亿人，但只有不到30%属于高技能人才。由此说明，高素质技能人
才的缺口问题关键并不是技能人员不足，而是"高素质"的匮乏。要解决这
一问题，学习者学习力是关键一环，这是当前高职人才培养面临的新命题。
而以学习力为切入点探讨复合型人才培养，是当前人才战略背景下寻求教育
高质量发展的有效途径。

回顾我国高职教育的发展历程，20世纪80年代高职教育开始发展，经历
了90年代的调整和发展期之后，迈入了21世纪的持续发展阶段。1983年《国
务院批转教育部、国家计委关于加速发展高等教育的报告》和1985年《中共
中央关于教育体制改革的决定》等文件对高职进行了初步界定，但政策边界
还是相对模糊，系统性不足；90年代初期，高职教育进入调整期，"三改一
补"方针优化了高等教育结构，1996年《中华人民共和国职业教育法》的颁
布巩固了高职教育的法律地位。但随着加入WTO面对国际市场的冲击，也暴
露了国内经济发展的短板，即中国的高技能人才仍然严重匮乏，人才结构急
需优化升级。由此，高等教育领域特别是高职教育的改革迫在眉睫。

2004年，教育部发布了《关于以就业为导向深化高等职业教育改革的
若干意见》，其中明确了高职教育发展的宗旨和导向，确定了高职教育要走
"产、学、研"相结合的发展道路，要服务社会主义市场经济需要，让学生
满意就业。2005年，国务院发布《关于大力发展职业教育的决定》，提出了
建设百强示范性高职院校的计划。随后，百所示范性高职院校出炉，为中国
的高职院校建设树立了标杆。

中国的高职教育在2014年后进入了持续发展与特色化建设阶段②，并在
2019年《国家职业教育改革实施方案》发布后进入高质量发展阶段，主要体
现出以下几个特点。

一是政策导向更明朗、具体。2014年至今，每年都有国家级的面向高职

---

① 姚亚奇.节后用工"窗口期"，就业市场加快供需对接［N］.光明日报，2022-02-17.
② 牛海燕.21世纪以来我国高等职业教育政策发展研究［D］.南昌：东华理工大学，2019.

教育的政策出台（详见表导-1），政策内容覆盖了原则方法、目标任务、财政拨款、校企合作、学校治理、教学管理、学生实习、师资培训、招生就业等方面。2020年9月，教育部等九部门印发的《职业教育提质培优行动计划（2020—2023年）》明确了高职教育未来发展的方向。2021年10月，《关于推动现代职业教育高质量发展的意见》《中华人民共和国职业教育法》相继发布，为高职教育高质量发展提供方向指引。

表导-1 2014年至今中国高职教育相关政策

时间	主要政策文件	发文部门
2014年	《关于加快发展现代职业教育的决定》	国务院
2014年	《关于开展现代学徒制试点工作的意见》	教育部
2014年	《现代职业教育体系建设规划（2014—2020年）》	教育部等
2015年	《关于推进职业院校服务经济转型升级面向行业企业开展职工继续教育的意见》	教育部、人社部
2015年	《教育部关于深化职业教育教学改革全面提高人才培养质量的若干意见》	教育部
2015年	《职业院校管理水平提升行动计划（2015—2018年）》	教育部
2015年	《高等职业教育创新发展行动计划（2015—2018年）》	教育部
2016年	《制造业人才发展规划指南》	教育部等
2016年	《职业教育东西协作行动计划（2016—2020年）》	教育部等
2017年	《关于深化产教融合的若干意见》	国务院
2018年	《职业学校校企合作促进办法》	教育部等
2019年	《国家职业教育改革实施方案》	国务院
2019年	《关于实施中国特色高水平高职学校和专业建设计划的意见》	教育部、财政部
2019年	《中国特色高水平高职学校和专业建设计划项目遴选管理办法（试行）》	教育部、财政部

续表

时间	主要政策文件	发文部门
2019年	《高职扩招专项工作实施方案》	教育部等
2019年	《关于做好扩招后高职教育教学管理工作的指导意见》	教育部
2020年	《职业教育提质培优行动计划（2020—2023年）》	教育部等
2021年	《本科层次职业教育专业设置管理办法（试行）》	教育部
2021年	《关于推动现代职业教育高质量发展的意见》	中共中央办公厅等
2021年	《中华人民共和国职业教育法》	全国人大常委会

资料来源：笔者自行整理

二是高职教育的办学向多元化发展。进入21世纪，出现了包括职业大学、普通高等专科学校、职业技术学院、本科院校举办的二级职业技术学院等多种类型的高职教育办学形式，特别是2014年国务院下发的《关于加快发展现代职业教育的决定》首次提出"探索发展本科层次职业教育"的设想后，2019年《国家职业教育改革实施方案》的发布让本科层次职业教育不再只是政策设想，"开展本科层次职业教育试点"纳入了"完善高层次应用型人才培养体系"章节中，此后我国开始分批启动本科层次职业教育试点改革，截至目前全国已建设了32所本科层次职业学校。

三是高职规模不断扩大，质量不断提升。从2001年的386所高职院校发展到2020年的1 468所，在校规模人数从71.69万人发展到2020年的1 459万人，详见图导-1。从高职教育作为高等教育中的一个教育类型来看，2013—2020年我国高等教育毛入学率从34.5%增长到54.4%，与此同时，全国高职在校生人数占高等教育在校生总数的比例从39.4%增长至44.4%，[①]说明高职教育在我国高等教育普及化进程中发挥了主力军作用。

---

① 李玉静，荣国丞. 高等职业教育高质量发展报告——基础与方向[J]. 职业技术教育，2021（36）：7-16.

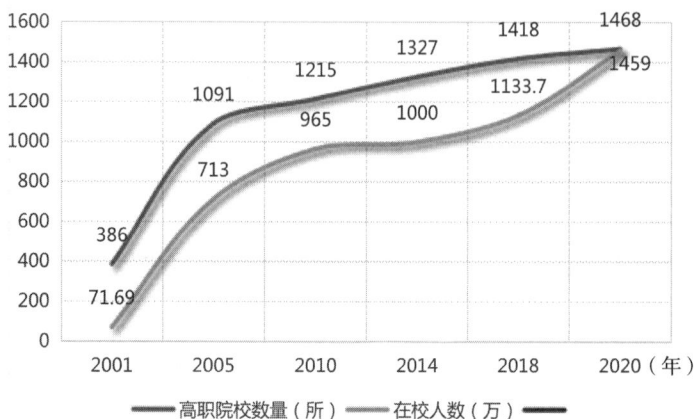

图导-1　2001—2020年高职院校数量和在校人数增长趋势图

四是软、硬件设施逐步增强。国家对高职教育财政性经费投入从2009年的397亿元增长至2018年的1 410亿元，教职工总数从61.47万人增长到74.48万人，年均增长1.3万人。建筑面积从2012年的平均20.4万平方米增长到2020年的24.3万平方米，生均占地面积从118平方米增长至145平方米，详见图导-2。

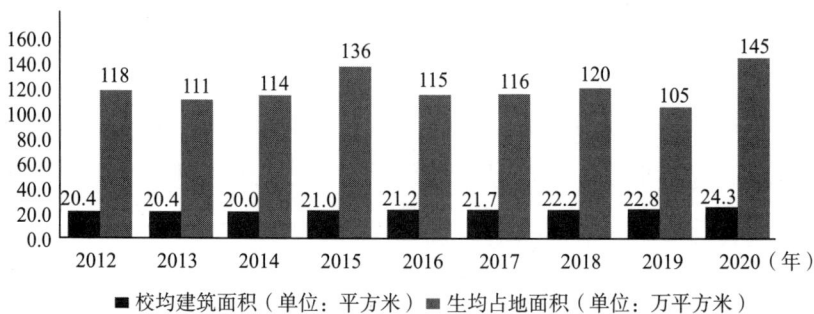

图导-2　2012—2020年我国高职院校生均占地面积、校均建筑面积

数据来源：全国高等职业院校状态数据监测中心

"鞋子合不合脚，只有穿它的人才知道"。目前高职教育一系列政策制度举措是否真正有效，除了教育供给指标的体现之外，最有发言权的就是高职教育的学习者。马尔科姆·弗雷泽（Malcolm Frazer）认为，学习者在学习过程中的所知、所做、所思、所得,都应该被视作学生的发展质量表现,也是衡量高等教育质量的重要标准。从这个角度而言,教育质量受学生学习质量的影响,学生的学习质量与教育生态将同频共振,而学习力在某种程度上即学习者学习质量的综合体现,高职学生学习力研究将关切着中国高职教育的提质培优和增值赋能。

三、高职学生学习力的"错位之困"亟待破解

尽管国内外对高职学生学习的关注度进入一个前所未有的重视阶段,相关研究数量也呈逐年上升趋势,但高职学生学习力研究的困境仍然显著。

(一)研究力度与现实需要存在错位

学界对高职学生学习力聚焦不足,其原因大概有三:

首先,学习力研究并非学习情况研究。系统动力学的创始人荷伊·福里斯特(Jay Forrester)在1965年首次提出学习力这一概念,而后由他的学生彼得·圣吉(Peter Senge)进行深化研究并逐渐形成理论体系,目前有关学习力的许多研究都建立在师徒二人的相关理念之上,认为学习力包括学习过后产生的新行为、新思维和新能力。因此,高职学生学习力的研究,不能等同于对高职学生学习情况或学习现状的调查研究,后者所开展的情况调查虽涵盖面广但聚焦度低,仅是对客观情况的展示和分析,而前者是在后者整体情况的基础上,把学习力作为个体的组织生命力和创造力的属性,看到了学习力在"力"的属性上发挥的功能,对后者深入推进。所以尽管目前学习研究已成热点,但聚焦于学习力的研究成果却不多。

其次,以高职学生为对象的学习力研究相对匮乏。学习力是管理学的概念,从管理学领域衍生而来,目前在社会学、心理学、教育学等领域都有了一些研究成果,研究对象涵盖各类组织成员。在教育学领域,关于学习力的研究必然要与各级各类学生群体联系在一起,但过去人们对高职教育的认识与重视程度不足,国内高等教育发展的重点长期在本科教育上。高职学生由于报考分数线比本科学生低,过去通常被认为在学习上"低人一等",这种偏见和标签由来已久,甚至使得人们误认为高职学生的学习研究价值不高。

诸如此类的原因，导致高职学生学习力研究较为薄弱。

最后，学习力成效难以验证。教育的本质矛盾是人的发展和社会的发展之间的关系问题。关注学习者的学习力问题，归根结底是如何解决人和社会发展之间的矛盾，以及如何促进人和社会协调发展的问题。一方面，人的全面可持续发展呼唤学习力发展，探讨个体学习力的发展就必然更关注个体潜在的、长远的隐性素质的提升。现实中经济社会发展往往需要能及时精准对接岗位所需的人才，也促使目前高职院校中"精准育人"的呼声更高，强调长远见效的学习力成效难以在短期内得到验证。如何使学习力精准对接社会适用并得到验证，是高职学生学习力研究的重要挑战。

（二）教育现状与教育初心存在错位

高职学生学习力研究要回归"以学为中心"的初心。在教育学研究视域中，教育的本质矛盾是人的发展和社会的发展之间的关系问题。关注高职学生的学习力，归根结底是关注如何解决人和社会发展之间的矛盾，以及如何促进人和社会协调发展的问题。从这个角度看，高职教育目前存在如下困境。

第一，高职"低人一等"的标签如何去除。我国现代职业教育独立体系尚未完善，显著体现在纵向上——打通专科至研究生层次的学历教育体系；横向上——衔接职业教育与普通教育。从完善的教育体系角度看，职业教育与普高教育应互为重要补充，而不是非此即彼。尽管2022年出台的《职业教育法》明确规定了职业教育与普通教育是不同教育类型但同等重要，短时间内难以彻底消除二者之间的壁垒和差距，目前普高教育受到的关注和扶持显然比职业教育要大得多，无论是师资、软硬件、学生等都难以互相对接。高职教育并非天然地就比普高教育差一截，这是相关体制机制构建作用下的结果。

由此带来第二方面的困境：如何做到面向高职学生的教育公平。教育公平强调为每个学生提供相对平等的受教育机会和条件，使他们享有平等的受教育权利和义务、获得相对平等的教育成功机会和教育效果。在这个原则下，高职学生与本科学生通过教育获得成功的机会应该相对均等，这也是当前中国高等教育在寻求教育公平路上的一个应然追求。但是当前，高职学生难以获得这样的条件和机会，也导致社会对高职学生的评价不高，高职学生的心理期望、自身定位、价值实现、发展前景等无不处于社会约定俗成的偏见中。要让高职学生获得尊重，更好地实现个人价值，须让高职教育真正走上与普高并行的轨道，破除固有的社会偏见，寻得高职学生与社会发展协调共进之路，而关注高职学生的学习力可能是解决目前困境和矛盾的一剂良药。

第三，高职教育内涵式发展的应然追求与外延式发展现状如何衔接。在高职院校百万扩招政策落地后，高职院校得到了大规模扩张的外延式发展。与此同时，校园文化、教师素质、人才培养质量等内涵式建设也不能被忽略。要确保高职教育质量的发展，就不能只关注扩招带来的数量优势，特别是在扩招结束后，面对"高职教育质量何去何从"的问题，应考虑从外延式积极转向内涵式发展。这个过程中，学习力如何在更加重视院校资源投入、科研产出等聚焦教育供给方行为的外延式发展模式的现实中指向内涵式发展，挖掘和阐发学生的学习诉求和学习价值，让教育回归"以学为中心"的初心，是探讨高职学生学习力的重要一环。

（三）教育规模与价值倾向存在错位

长期以来，我国的高等教育一直存在发展路径偏移问题：为确保从政府、社会获取足够的发展资源，专科学校办学模式或定位可能自觉或不自觉地向本科发生偏移，使本来是为生产和服务第一线培养高素质技能型人才的高职教育，被动成为高等教育体系中的薄弱环节。事实上，无论是基于高等教育多样化和结构优化的需求，还是经济社会发展对高素质技能型人才的需求，发展高职教育都是必然选择，但过去高职教育质量长期没有得到重视。以2016年数据为例，根据教育部对全国教育经费的统计，全国高等教育经费总投入10 110亿元，其中普通高职高专教育经费总投入为1 828亿元，仅占18%，当时全国990所独立设置的公办高职院校年生均财政拨款低于1.2万元的超过60%，还有133所低于6 000元，主要为地市级政府举办的高职院校，其中由行业企业举办的74所高职院校甚至低于3 000元。

总体来看，与高职在校生规模占高等教育在校生规模的44.4%相比，国家财政对于高职院校的经费投入仍然偏低①。过去几年，即便是高职教育走在全国前列的广东省，政府对高职院校的财政投入也远低于本科院校。如表导-2所示，广东省高职院校的生均拨款标准每年都有所增加，但与本科院校相比差距大。本科院校的生均拨款标准在2014年就达到9 100元，是同期高职院校的2倍，甚至比高职院校2017年的拨款标准还要高。是高职人才培养成本较低吗？事实上，高职以培养专业型、技能型人才为主，需建立大量先进的实习实训基地，软、硬件设施投入都较大，其培养成本并不低于普通高等教育。

表导-2 2014—2017年广东省高职院校与本科院校生均拨款标准

时间	高职院校生均拨款标准（元）	本科院校生均拨款标准（元）
2014 年	4 550	9 100
2015 年	5 000	10 000
2016 年	6 000	10 000
2017 年	7 000	10 000

资料来源：《广东教育年鉴》

这种情况直到近几年才有所改观，特别是2021年起国家层面推动职教改革力度前所未有，为职业教育高质量发展注入了一剂"强心针"。以生均拨款标准为例，广东省从2019年起对省属高职院校生均拨款标准从7 000元提高到10 000元，终于逐渐赶上本科标准。

尽管在宏观政策方面高职教育已经逐渐"热"起来，但学界和社会对高职学生学情仍然有一种普遍"低视"的趋向。有些研究对高职学生学习情况进行调查，得出了学习基础差、兴趣不浓、学习目的不明，学习方法不当、学习习惯不良、学习动力不足、自我认识不清、学习毅力不够等判

---

① 李玉静, 荣国丞. 高等职业教育高质量发展报告——基础与方向 [J]. 职业技术教育, 2021（36）: 7-16.

断。诸如此类的"标签"确实指出了当前高职学生的部分"实然"状态，但又过于顽固且片面，容易使这种表象形成"刻板印象"，进而阻碍对其本质及价值的挖掘和阐发。事实上，造成这种"实然"的原因分析，以及未来高职学生的"应然"状态更应该引起学界重视。剥离固有的社会对高职教育的价值视角，是高职学生学习力研究过程中必须要攻克的，同时也是最难攻克的。

第一章　学习力初探

　　"学习力"的构想最初源于管理学领域，随着教育学界对"学习力"的关注和讨论与日俱增，也使得不少教育领域的研究成果应运而生。目前，有关学习力的研究大致是关于其缘起迁移、本质、提升、评估、影响因素等方面的。

第一节　学习力的源起和迁移

　　"学习力"的构想最初来自系统动力学专家荷伊·福里斯特（Jay Forrester）教授对于"学习型组织"的研究，他在《一种新型的公司设计》一文中运用系统动力学原理勾画了未来企业的组织形态。在这个构想中，教育成为学习型组织不可或缺的一部分，有学习力的组织是具有生命的机体，能够不断焕发生机和发展壮大，"Education might be more effective. It could be properly coordinated with a man's development... The educational program must become an integral part of corporate life, not a few weeks or months once in a lifetime at another institution."[①]其学生彼得·圣吉（Peter Senge）在关于学习型组织的研究中进一步探讨学习力。彼得·圣吉（Peter Senge）的管理学论著《第五项修炼》站在人的发展的角度，认为学习力是一种心灵的根本性转变或提升转化，超越了传统学习获得知识、运用知识的层面，触及了做人的意义，是一种获得新思维、新行为并重新创造自我的过程。

---

① Forrester, J. W. A New Corporate design [J]. Industrial Management Review, 1965, 7（1）: 5-17.

这个时期，国外对"学习力"的研究主要集中于管理学领域，且只作为一种构想和理论的雏形，形成了少量的研究成果。如表1-1所示，自1965年学习力被提及之后的15年间，国内未有与学习力相关的研究，国外形成了83篇文献。

表1-1　21世纪之前国内外学习力研究文献数目表

时期	中文数目	英文数目	总计
1991—2000	3	132	135
1981—1990	1	93	94
1965—1980	0	83	83
总计	4	308	312

来源：笔者自行整理

"学习力"源起于系统动力学原理，并在管理学理论和实践中得到深化，最初只作为一种学习型组织的构想和理论雏形，带有鲜明和浓重的管理学意蕴。

到了21世纪后，"学习力"开始被国内管理学领域的学者郑重提起。在此之前，有关学习力的研究多集中见于对学习型组织的探究，即便到了教育学领域，也是零星和笼统地出现在关于教育组织的相关论述中，并未有明确的定义表述。直到2001年中国学习型组织专家张声雄在其著作《〈第五项修炼〉导读》中才正式对"学习力"的管理学内涵进行界定：学习力是指一个人或一个企业、一个组织学习的动力、毅力和能力的综合体现，它是学习型组织的基础。国外也基本同期展开了对学习力的专门研究，英国认知科学专家克莱斯顿在2002年参与领导了"有效终身学习"项目，这个项目旨在通过关注课堂教学，探讨如何提升学生的学习力，形成"构建学习力"的基本思路，同时开发"蛛网式"学习力评估方法。同年，克莱斯顿出版了专著《构建学习力：让年轻人成为更好的学习者》。至此，学习力才真正意义上从管理学迁移到教育学领域。

此后，"学习力"在教育学界得到了更多关注，形成了诸多成果，有以研究对象、学科载体划分的，有关注学习力内涵和外延的，也有对不同群体或组织的学习力现状进行调查，致力于学习力的培养、提升和发展，构建学习力模型和评价体系，以及探索学习力的开发应用实践等方面的。从图3可知，国内外对学习力的研究自2001年之后研究成果呈翻倍增长的趋势，特别是近十年的文献数比此前五十年的文献总数还要多，说明近十年学界对学习力高度关注。数据同时说明，国内外学习力研究频率不同。国外在学习力提出的前30余年间研究逐步深入，与此同时国内对学习力的研究几乎一片空白。直到2001年，学习力在国内学术界突然引发关注，很快便在文献数量上与国外大致持平，并在2011年之后显著增加。可见，国内对学习力的研究起步虽晚，但进展较快。

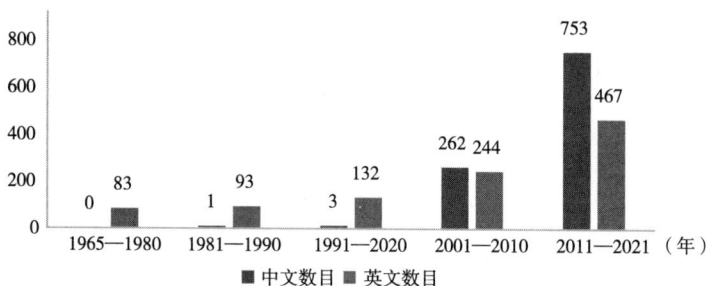

图1-1　不同时期的学习力研究文献数目比较图（资料来源：笔者自行整理）

学习力成功地从管理学迁移至教育学并取得了一定的研究成果，与时代的发展需求和学习力本身具有的教育属性分不开。

首先，学习力与国家和民族发展密切相关。在知识经济时代，世界各国的激烈竞争归根结底是人才和教育的竞争，世界各国的发展进步也越来越依赖于对知识的掌握、运用和创新，二战后德国等国家的飞速崛起充分说明了这一点。落实人才培养和教育质量提升，绕不开学习问题。个人、组织、国家和民族只有掌握了学习的先机和主动权，才有机会抢占生存发展高地。因此关注学习、加强教育、培养人才、提高经济社会发展水平，已成为各国发展的共识。而这些问题落脚于个人、组织、国家和民族的"学习力"问题。现代社会的发展，是由千千万万的组织和个人发挥才干所推动的。一个人和组织可能会因为没有足够的学习力而退步，同理，暂时落后的组织和个人也可能因为具备了强大的学习力而获得发展。是否具有足够的学习力，直接关系国家和民族的兴衰。

其次，教育的本质在于通过各种方式促进人的发展，学习力的实质与此不谋而合。学习力是个人成长发展的关键因素，探讨学习力问题的实质是关注学习者对知识获取、经验总结、观念转变、行为改善等的学习过程，也更加倾向于挖掘个人成长的内在实现价值、自我体悟和自我塑造，从这个意义上讲，学习力对个人成长发展所带来的影响更为持久和深远，它触及个人终身成长的维度，也呼应了终身教育理论"提高人的精神、教养及健全人格、完善人性"的宗旨。

第二节 学习力的相关理论

学习力问题主要以系统动力学、终身教育理论、3P学习过程模型和学习双螺旋结构理论作为依据和指导。系统动力学是学习力的起源理论，学习者学习力发展的动态特性受到促进学习力因素和限制学习力因素两个方面作用力大小的影响，这为学习力本质的界定提供了逻辑起点；终身教育理论强调教育贯穿于人的一生，不再仅聚焦于以一定时间为考量范围、注重学习阶段性结果的"学习成效"，更关注学习者终身学习过程及通过学习对其本身产生的影响，是学习力中的重要内核；3P学习过程模型关注一个成功的学习活动需要不同阶段及各阶段内部因素的相互配合，是一个有机运作的整体，其对学习活动整体性和交互性的强调，与学习力本质互相呼应；学习的双螺旋结构理论以生物学DNA的双螺旋结构为原型，将学习活动视为两条相互作用的学习链，一条链代表学习意愿，另一条链代表学习的预期结果，学习力是两条链互动的生命能量，这为学习力本质界定了类属。

一、系统动力学

探讨学习力，必须谈到系统动力学（System Dynamics，SD），这是学习力概念的起源理论。

荷伊·福里斯特（Jay Forrester）不仅是首位提出"学习力"概念的人，也是系统动力学原理的创始人。1956年，福里斯特创立了系统动力学，1958年在《哈佛商业评论》上发表了奠基之作。系统动力学的出现为认识、解决复杂系统问题提供了方法模型，并在丹尼斯·米都斯（Dennis L. Meadows）教授等学者的研究推动下产生了被称为20世纪70年代"爆炸性杰作"的全球分析模型。这个模型正是以系统动力学为基础理论展开研究的，将当时影响世界发展的各方面要素包括人口、粮食、生产、消耗、污染等作为模型中的变量进行分析，研究结果《增长的极限》一经发布就引发全球热议。此后，系统动力学被认为是研究复杂系统的有效方法，同时传入国内，取得飞跃发展。至今，系统动力学作为预测、管理、优化与控制的应用，几乎涉及所有研究领域。

系统动力学强调系统、整体的观点和联系、发展、运动的观点，核心在于"系统"及"反馈"两点。之所以能够被广泛运用，是因为系统动力学揭示了事物系统（如物理系统、化学系统、生物系统、经济系统、社会系统）发展的本质规律，强调系统之间相互联系和作用以及系统自身发展与动态演变过程，展示了系统内资讯的传输与回授。从整体架构、效能、反馈和行为等方面开展研究，通过建模技术，对不同策略组合的方案进行仿真实验，可以探究出复杂系统内部各因素之间的相互作用机理、动态反馈机制及发展的一般规律，促使系统朝着人们希望的方向发展，为决策者提供参考依据。

系统动力学理论将事物系统分为"开环"和"闭环"两种系统。"开环"系统内没有任何反馈关系，其行为特征主要由外界特性所决定。而"闭环"系统中的因素彼此存在"反馈"关系，系统特性主要取决于内部动态结构。现实中，很多系统都具有自身固有的动态行为规律，也基本都是"闭环系统"，存在反馈回路。本研究所探讨的学习力系统同样存在反馈回路。

根据系统动力学中因果与相互关系的解读，反馈循环一般分为正、负两种，正反馈可以使因果关系强化，负反馈则发挥调节因果关系趋于稳定状态的作用。若两个变量存在正相关或运动方向一致的情况，则因果链为正，反之为负；且反馈回路如果有偶数个负因果链，极性为正，如果是奇数个负因果链，极性为负。因此，本研究尝试建构学习者状态的因果回路图（变量可视实际情况增减，因此并非固定模型）如下。

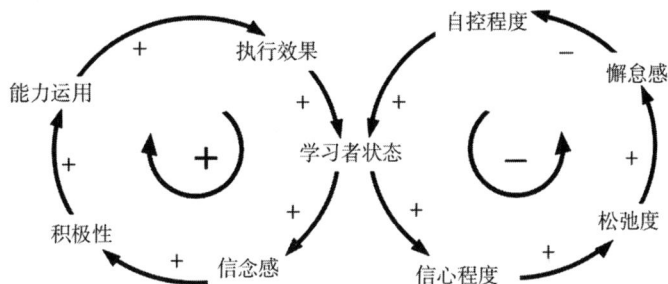

图1-2　学习者状态的因果回路图模型之一

在系统动力学的视角下，学习者状态事实上受到促进因素和限制因素两个方面作用力的影响。当正反馈起主导作用时，学习者状态将得到发展；反之，当负反馈起主导作用时，学习者状态会被抑制。基于本研究对学习力与学习者状态的关系判断，学习力作为促使学习者状态产生积极变化的一种动态能力系统，则学习者状态的积极发展意味着学习力提升，反之意味着学习力受到抑制。那么推动提升的必定是其内部的增强回路在起作用，而抑制回路将最后使学习者状态及其学习力稳定下来。因此，当我们讨论学习力提升问题时，需要关注其系统内部各影响要素的动态运作和调控。

二、终身教育理论

1956年法国《关于延长义务教育年限和公共教育改革的法案》（即贝莱伊尔教育部长方案）首次提出了"终身教育"，但真正被世界所熟知要等到九年之后保罗·朗格朗（Paul Langrand）在联合国教科文组织上提交的"终身教育"工作报告。朗格朗的报告中明确提出教育要贯穿人的一生，而不该只存在于人生命中的某段时间。这种观点被采纳了。此后，朗格朗撰写了多部著作以推动终身教育思想在世界范围广泛传播，其代表作《终身教育引论》被译成近20种文字，对各国实施终身教育提供了理论依据，影响广泛深远。

朗格朗的终身教育理念影响了各国学者，特别对于终身教育机能的存在机制（包括如何成为社会成员的共识，如何构建全社会遵循等）都进一步展开了探讨。国际上比较认同终身教育的开展要以政府为主导、以学习者为主体，遵循教育公平原则，加强教育资源整合，创设能够促进社会公民持续、全面发展的终身教育体系。①

在终身教育理论视域下，教育是贯穿学习者一生的，因此学习同样是终身存在的。"终身教育"在1965年"学习社会论"出现后开始转向"终身学习"，在1972年《学会生存》出版之后进入公众认可视野。"终身学习"的实质是"终身教育"在聚焦教育主体基础上的理论延伸，是个人在一生中所需要的知识和技能包括学习态度等应该如何被开发和运用的全过程。终身学习的本质是个人一生的权利与责任，存在于人的一生，是各类教育活动和机会的融合，并且具有实施上的自主性。

从这个意义讲，青少年在校期间的学习，特别是在大学期间的学习，并非是其学习生涯的最后阶段，学习不会因阶段性的毕业而结束，学习目标也不是教学目标的达成。因此，对于学习者学习力情况的探究，不能只看学习者某一阶段的学习结果，更关键的是学习者是否具备面向未来的各方面能力。同时，学校教育是终身学习的其中一种方式而非全部，应当探讨如何提升学习力，不再囿于在校期间的学习表现和学习手段，而是以更长远的眼光挖掘对学习力培育有益的各种方式。以终身教育理论为指导的学习力研究，是"以学习者为中心"理念的多元角度探索。

落脚于本研究，学习者的学习力是建立在终身接受教育、终身开展学习的前提下进行培养和提升的。在整体的调研过程中，由于终身教育强调了学习者的持续学习，研究者更加关注学习者的学习反思、自我描述和内驱因素、转化力等方面，将学习力放置于学习者未来学习发展需求的框架下进行探讨。

---

① 吴遵民. 终身教育的基本概念［J］. 江苏开放大学学报, 2016, 27（01）: 75-79.

三、3P学习过程模型

约翰·比格斯（John Biggs）的3P学习过程模型将学习过程分成了前提（Presage）、过程（Process）和结果（Product）三个阶段。前提阶段，处在学习序列的前端，由个体的先前学习基础、兴趣、智商、家庭背景等个体因素和可能影响他们的如教师的专业技能、学校文化精神气质等各类情境因素组成。前提阶段的这些因素在过程阶段层面上相互作用，以确定学生的学习方式或风格。

过程阶段，是学习序列的核心，是一个中介过程，也被称为学习加工综合系统或学习方式。学习方式通过依据学习者如何处理他们的学习任务，分为深层学习方式和浅层学习方式。这也是比格斯认为的对学习者学习结果产生影响的最主要因素。通常，浅层学习方式被认为是机械记忆，学习的意义主要在于完成目标，所以学生常有厌学现象；但深层学习方式是基于学习者好奇与兴趣，包含情感的满足和自我价值感的提升，更能产生有意义的学习。在过程阶段中，学习动机决定学习的总体方向，学习策略是实现学习目标的执行手段。

结果阶段，虽然处在学习过程的末端，但并不是终点，而是下一个学习阶段的开端。结果阶段一般体现学习者能够获得的学习输出结果，由内外两方面构成。外部一般指定量描述的结果，可以是学习容量、考试成绩等；内部则可以是自我设置目标、自我效能感、满意度等。结果阶段并不意味着终结，它是这一阶段的学习结果，连接着下一阶段的学习前提。

3P学习过程模型实质是一个联系交互的学习闭环系统。模型的各个部分独立地构成，但每个环节及环节中的各因素都相互作用。3P学习过程模型强调了学习活动作为一个完整的循环结构，通过其三个阶段及各阶段内部各要素之间的相互作用，达到学习者学习状态的整体提升，这也是学习力研究所需要的整体观。学习力关注学习者整个学习过程状态，在某些解读中也是学习结果阶段的一种表征。因此，本研究对学习力、学习观及学习策略的探讨，可以看到3P学习过程模型的"痕迹"，其使本书内容和结论更加饱满。

四、双螺旋结构学习理论

"双螺旋结构学习理论"由迈克·杰屈克（MC. Gettrick）提出，以生物学DNA的双螺旋结构为基础原型，将学习看作两条相互作用的学习链，一条链代表学习意愿，另一条链代表学习的预期结果，学习是两条学习链之间的相互作用过程，见图1-3。

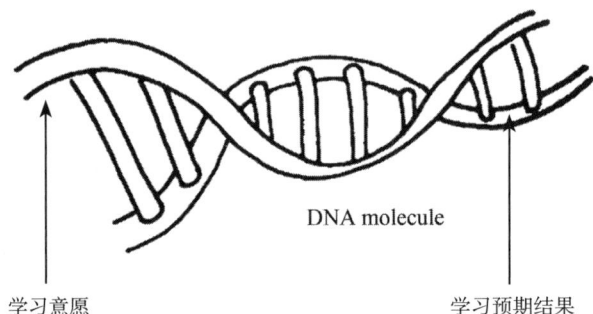

DNA molecule

学习意愿　　　　　　　　　　　　　学习预期结果

图1-3　双螺旋结构学习理论图

杰屈克（Gettrick）是澳大利亚PEEL（The Project for Enhancing Effective Learning，简称PEEL）项目的参与者。PEEL项目是由澳大利亚拉弗顿中学与高校在1985年合作创建的，通过对学习"有效性和持久性"的关注，寻找有效促进学生学习的课堂教学方法，开展相应的有效学习的深层次研究。杰屈克在PEEL项目的研究经历深化了对有效学习的认识——人们可以通过后天成为更有效的学习者，经过训练获得更强的学习力。随后杰屈克和布罗德福特（Patrica Broadfoot）在2002年发起ELLI（Effective Lifelong Learning Inventory，简称ELLI）项目，以英国波尔士纽波特中小学为主要实践基地，开始学习力理论的开拓性研究，也由此构建出"双螺旋结构"的学习理论模型。

在杰屈克的双螺旋结构学习理论基础上，英国布里斯托尔大学博士克里克（Deakin R. Crick）对学习力做出进一步阐述：学习的双螺旋结构由两条平行的不相交的线构成，学习意愿和学习预期结果这两条链相互调控、相互影响，而促进学习意愿与学习预期结果相互作用的能量就是学习力，是双螺旋结构的核心。学习力是一种能量，很难被解释，因为它无法被触及、听见、看见或感知。它如电流一般，虽然看不见，但就像通过亮着的灯泡可以感知到电的存在一样，学习力同样也可以通过人的思想、情感、需求和行为表现出来，学习力的高低直接影响着学习的有效性。

克里克在其关于学习力的著作*Learning Power in Practice: A Guide for Teachers*里将ELLI对学习力维度的划分进行详细解读。ELLI项目对近6000名学习者展开调研，归纳出了影响学习力的七个关键要素及其对立面：变化和学习—静止或固定、关键好奇心—被动性、意义形成—知识孤立、创造性—墨守成规、学习互惠—孤立或依赖、策略意识—固化行为、顺应力—依赖和脆弱。七个要素是同一事物的不同方面，可以通过发展其中个别要素或通过促进积极面、减少对立面来推动整体学习力提升。[①]

在双螺旋结构学习理论的视域中，学习力是连接学习意愿和学习预期结果两条链的重要中介，是双螺旋结构的核心，作为一种生命能量而存在。这个抽象的概念通过实际调研分解出了可以被测量的七个要素。而结合本研究内容和目的，七个要素大致上又可以被分为动力、能力、毅力、转化力四个维度，如强调动力因素的变化和学习、关键好奇心，强调能力因素的意义形成、策略意识、学习互惠，强调毅力因素的顺应力，强调转化力因素的创造性等。该理论对于本研究的学习力构成要素的探索有重要指导作用。

第三节　学习力的本质

探讨事物本质，通常从内涵和外延两个维度进行。传统逻辑认为，内涵是事物特有属性的反映，广义上还包括构成事物各种要素的总和；外延是事物所属的那个类别。因此，探讨学习力本质，重点在于探明学习力的概念、构成和所属类别。

[①] 杨欢, 沈书生, 赵慧臣. 英国ELLI项目学习力理论解读及启示 [J]. 外国中小学教育, 2009（09）: 44-48.

一、学习力的内涵和外延

"学习力"一词从国外翻译而来。国外对其有两种表述：在《美国传统词典双解》中是"learning ability"，克莱斯顿（Claxton）称之为"learning power"，柯比（Kirby）则表述为"the power of learning"。ability多指具象且操作化的潜能，power多指身心具有的能量，内涵比较丰富。在剑桥英语词典中，power有三种解释："the ability to do something or act in a particular way, especially as a faculty or quality/the capacity or ability to direct or influence the behavior of others or the course of events/physical strength and force exerted by something or someone."这三种解释对应的是能力、影响和能量。因此，要定义人们在学习过程中的种种身心表现及所获所得，"power"更为合适。①

中国学者陈维维、杨欢对2010年前有关学习力内涵和外延的研究进行了系统的梳理。他们在《教育领域学习力研究的现状和发展趋势》②一文中将之大致分为四种倾向。

（一）能量观

能量观，即学习力是一种生命能量。英国学者杰屈克、克里克和国内学者沈书生、杨欢等是持学习力内涵能量观的代表学者。杰屈克提出的双螺旋结构学习理论中，双螺旋运作的过程也是学习力增进的过程。在此基础上，克里克进一步指出让两条链产生相互作用的能量正是学习力，这种能量的强弱直接影响学习的有效性。沈书生等学者提出个体学习力的产生和构建过程，实质就是为其终身学习提供能量的过程。

（二）品性观

品性观，即学习力是一种心理质量。英国学者克莱斯顿2002年发起ELLI（Effective Lifelong Learning Inventory）项目，关注课堂教学中如何提升学习力这个问题。克莱斯顿认为学习力是一个抽象概念，实质是一种包含了生活经验、价值态度、信念情志的复杂混合体，这种复杂抽象的混合体最终形成

---

① 光霞.我国学习力研究十年[M].课程教学研究，2013（11）：17-22.

② 陈维维，杨欢.教育领域学习力研究的现状和发展趋势[J].开放教育研究，2010（02）：40-46.

了个体在学习中的内在属性，类似一种学习品性。中国学者谷力认为学习力是学习者个体与环境相互作用的产物，是一种能够对学习活动起作用的个性心理质量。[①]

（三）素质观

素质观，即学习力是一种文化素质。中国学者吴也显等人认为学习力是一种基础文化素质，由认知和情意两个方面的能力融合而成。[②]光霞也认为学习力类似一种综合素质，体现着个体的竞争力。

（四）能力观

能力观，即学习力是一种能力或能力系统。日本学者田中博之提出"综合学力"的说法，是囊括了学习基础能力、学科能力、生存力三部分的一种综合能力系统。中国学者瞿静则强调了要从"力"的层面探讨学习力所产生的效果对人的影响，学习力是通过学习提升达到产生新思维、新行为的动态能力系统。[③]彭希林等人赞同学习力是复杂的综合概念，但认为其是以"能力"为关键属性的，可以认为是各种能力的综合体[④]。

2010年之后，国内外对于学习力内涵和外延的探究基本上延续着陈维维的分类，并越发集中于能量观和能力观。如朱莉安·威利斯（Julianne Willis）等人在对"以教师为中心"和"以学习者为中心"两种教育范式的研究中引入学习力的观点，明确指出学习力是基于克里克和克莱斯顿有效终身学习者的模型，也就是兼持能量观和品性观。裴娣娜指出学习力是一种生长活力，影响着人的生成、生长和发展，是人的饱满生命能量。[⑤]管珏琪等学者界定了技术丰富环境下的学习力，明确将之定位为能量观[⑥]。也有很多学

---

① 谷力.学习力——个体与环境相互作用的产物[J].上海教育科研，2009（07）：66-67.

② 吴也显，刁培萼.课堂文化重建的研究重心：学习力生成的探索[J].课程.教材.教法，2005（01）：19-24.

③ 瞿静.论学习力理念从管理学向教育学领域的迁移[J].教育与职业，2008（03）：64-66.

④ 彭希林.论学习力[J].黑龙江教育（教学研究与评估），2007（1\2）：97-99.

⑤ 裴娣娜.学习力诠释学生学习与发展的新视野[J].课程.教材.教法，2016（07）：3-9.

⑥ 管珏琪，祝智庭.技术丰富环境下学习力构成要素：一项探究设计研究[J].中国电化教育，2018（05）：1-7.

者倾向于认为学习力是一种能力系统，郑伟波把学习力看作学习者运用能力影响学习行为并对自己本身及周围环境产生影响的一个动态系统[①]。陈坤等人认为学习力是促进学习品性不断提升的动态能力系统[②]。这些观点都趋向于认为学习力是能力观视域下的动态能力系统。按照对学习力内涵的不同解读，其观点大致可梳理如表1-2。

表1-2　国内外学习力本质相关研究成果

定位	观点	代表学者
能量观	学习力是存在于人类自身，直接影响人类随着时间生长、发展而获得成就的生命能量。是学习意愿与学习结果的相互作用	杰屈克、克里克、沈书生、朱莉安、裴娣娜、管珏琪等
品性观	人的学习力是人在学习活动中起作用的、由心理结构和身心能量组成的一种个性心理质量	克莱斯顿、谷力等
素质观	学习力是现代人基础性的文化素质	吴也显、朱莉安等
能力观	学习力是通过获得与运用知识最终改变工作和生活状态的能力或者动态能力系统	田中博之、瞿静、彭希林、许佩卿、郑伟波、李海燕等

来源：笔者自行整理

在热烈探讨"学习力实质是什么"的同时，学界也有不同的声音出现。学者山子发表了《学习力，是伟大发现，还是子虚乌有？》一文，指出现有的学习力概念无法解释个体发展上的差异性、定义过于抽象、内部结构自相矛盾，而且有玄学化和烦琐化的倾向，缺乏客观检测标准和手段，本质上是

---

① 郑伟波，孙明帅．"学习力"概念辨析及要素综述［J］．Economic, Business Management and Education Innovation, 2013: 602-607.

② 陈坤，梁星星，沈小碚．论学生学习力的内涵、形成与涵养［J］．当代教育科学，2018（03）：41-46.

一种机械论哲学观,将学习者作为学习机器来看待,而学习力是使学生这台"学习机器"从被动状态转为主动状态而已,并不能促进中国教育真正进步[①]。然而,山子的质疑也显得偏执古板,因其观点的出发点是质疑当时我国基础教育某个重点课题所勾勒的"三力发展模型",难免有"一竿子打翻一船人"的嫌疑。他看到了学习力相关研究成果的不足之处,却意识不到"学习力的提出将学习从被动转为主动"是大势所趋。他提出质疑,却找不到更好的解决办法;抨击不足,却看不到进步之处。按此论调和逻辑,几乎没有什么研究成果值得被认可,因为所有成果都免不了存在不足和不全面。但山子的批评是宝贵的,他强调了对学习力的研究应更具科学性、具体、扎实,避免让学习力沦为神秘论观点,也是对当前有关学习力研究的提醒和警示。

学界对学习力内涵有多种解读,也导致对学习力构成要素的研究纷繁多样。本研究按地区分类,对学习力构成要素的研究大致可分为英系、美系和中系三类,呈现出了各自特点。

英系观点。主要以英国克莱斯顿的"4R"说和ELLI项目提出的"七要素说"为代表,实际上这两个代表观点也是一脉相承的。克莱斯顿认为构成学习力的要素是四种力量,即顺应/顺应力、策应/策应力、反省/反省力、互惠/互惠力,这四种力量简称为"4R"。学习力由"4R"要素构成的观点实际上强调了学习活动中的弹性、机智、反思和关联四个层面。在4R理论的基础上,克里克对六千多名研究者进行跟踪研究,随后归纳出学习力构成要素的七个方面:变化和学习、批判的好奇心、意义建构、创造力、学习互惠力、策略意识、顺应力。这也是后来ELLI项目所持有的学习力"七要素"观点。可以看出,"七要素"是基于"4R"观点的延伸和扩展。综上,英系观点更关注学习者的学习过程,对于过程中与环境交互作用后产生的情绪、心理、策略等都纳入了学习力构成要素中。

美系观点。主要以美国哈佛大学柯比(W. C. Kirby)的"综合体说",

---

① 山子.学习力,是伟大发现,还是子虚乌有?[J].基础教育,2014(05):5-15.

以及伯尼·特里林（Bernie Trilling）和查尔斯·菲德尔（Charles Fadel）的"21世纪学习要素说"为代表。柯比认为学习力是一个综合体，包含兴趣、好奇心、学习动力、学习态度、学习方法、学习效率、创造力等丰富要素，反映的是一个人的综合素质，分数与学历并不足以代表它。"综合体说"看到了学习力对学习的作用，特别强调了"创造是学习力的最高境界"的重要观点。伯尼·特里林和查尔斯·菲德尔基于21世纪的人才标准和教育趋势，提出3Rs×7Cs=21st Century Learning的"新学习公式"。其中3R指的是Reading、Writing、Arith-metic，7C指Critical Thinking Doing、Creativity、Collaboration、Cross-cultural Understanding、Communication、Computing、Career和Learning。还有艾丽卡·安德森提出的学习力提升方案——ANEW模型，A指理想（Aspiration），N指中立客观的自我评价（Neutral self-awareness），E是永无止境的好奇心（Endless curiosity），W指愿意从差开始（Willing to be bad first）。美系观点中，学习力的元素显然更加丰富多元，而且更强调学习的实效度，即学习力构成要素对学习结果所起的作用。

中系观点。 国内学者在借鉴国外相关研究成果的基础上，从管理学、心理学、物理学、教育学等视角展开对学习力构成要素的研究，其中，教育学视角多依据研究对象群体、学科分类等的不同进行探讨。从管理学角度探讨的，如学习力包括学习动力、学习能力和学习毅力三要素[1]；从心理学角度探讨的，如学习力四阶段十要素[2]；如结合教学论的理论体系，提出的学习力的"三层次六要素"[3]。从物理学角度探讨的，主要对物理学"力"的概念进行延伸，学习力包括组织学习活动的能力、获取知识的能力、运用知识的能力，以及伴随学习过程而发生的一系列智力技能。将学习力放置于具体的教育情境中进行探究的，多以研究对象群体、学科分类作为依据。但结论多停留在建模阶段，真正将学习力构成要素研究运用于实际教育教学过程中的较少，且难以沉淀出经典理论和观点。这与国内对学习力的研究时间有

---

[1] 张声雄. 学习型组织理论概述 [J]. 中国人才，2013（02）：18-19.

[2] 瞿静. 论学习力理念从管理学向教育学领域的迁移 [J]. 教育与职业，2008（03）：64-66.

[3] 裴娣娜. 学习力诠释学生学习与发展的新视野 [J]. 课程. 教材. 教法，2016（07）：3-9.

关，2000年后学习力研究才在国内逐渐兴起，对于一个研究领域而言，20余年并不长，还处于探索和深化阶段。

表1-3　国内外学习力构成要素表

地区	代表人物	观点	具体构成要素	特点
英系	克莱斯顿	4R	顺应力、策应力、反省力、互惠力	更关注学习者的学习过程
	克里克	七要素	变化和学习、批判的好奇心、意义建构、创造力、学习互惠力、策略意识、顺应力	
美系	柯比	综合体	包括学习动力、学习态度、学习方法、学习效率、创新思维和创造能力的一个综合体	更强调学习的实效度，讲究实用性
	伯尼·特里林	3R7C	3R是读、写、算等基本技能，7C是批判、创造、协作、跨文化理解、交流、计算与处理、职业规划和学习等终身技能。两类技能共同构成学习力的要素	
	安德森	ANEW	理想、中立客观的自我评价、永无止境的好奇心、愿意从差开始	
中系	张声雄	三要素	学习动力、学习能力和学习毅力	更细致化和多元化，教育教学实践运用较少
	瞿静	四阶段十要素	包括触发、推进、有效完成、转化提升阶段，以及学习行为的总动力、学习需求的识别力、学习潜能的评估力、学习行为的理解力、学习活动的启动力、学习能力、学习行为的合作力、创新力、竞争力、社会适应力十个要素	
	裴娣娜	三层次六要素	基于学习的基础有知识与经验、策略与反思、意志与进取，学习的途径有实践与活动、协作与交往，以及学习的最高境界是具备批判与创新	
	严媛	11要素	吸力、引力、改力、创力、信力、化力、继力、容力、承力、防力和解力	

来源：笔者自行整理

国内外学者对学习力内涵和外延的解读呈现众多版本，至今尚未形成统一和全面的解释。但无论是哪一种，都反映了教育理论中对于学习者个体的关注。这也意味着探讨"学习力"必须看到它对学习主体产生的影响，这种影响即"力"的作用。

"力"在物理学中是一种物体获得加速度或形变的外因，强调的是对物体产生了作用、施加了影响、发挥了效果。在一些研究视角里，力是一种能量，很难被解释，因为它无法被触及、听见、看见或感知。但它就如电流一般，虽然看不见，却可以被感知。在这个解释维度里的学习力是一种学习活动中的能量，通过人的行为表现出来。"力"的另一种视角是"能力"，指能胜任某项任务的条件和才能。能力观中的学习力，被认为是通过获得与运用知识最终改变工作和生活状态的能力或者动态能力系统，它落脚于"改变状态"这一"力"的物理本质属性。某种程度上说，"能量"是"能力"的一种，《汉语大辞典》中对"能量"有两种解释：一是物质做功的能力；二是比喻人的活动能力。因此，"能量说"归根结底仍是"能力说"，学习力应是一种能力系统，且将根据学习者学习经验的变化而变化，具有动态变化属性。由此，学习力是学习者通过学习活动对自身学习状态产生积极影响的一种动态能力系统。

从系统运作的逻辑出发，学习力可分为驱动、运作、保障和转化四个部分，分别对应学习动力、学习能力、学习毅力和学习转化力四个维度。学习动力是学习力这个能力系统的驱动部分，是学习者参与学习活动和保证学习持续进行的驱动因素，体现为学生的学习信念、学习态度、学习兴趣等方面；学习能力是学习力系统中的运作部分，是个体所具有的能够引起行为或思维方面比较持久变化的内在素质。对于高职学生来说，除了常规的记忆、概括、注意、理解、批判反思等能力，其还体现为技术技能实践动手能力。学习毅力是学习力系统中的保障部分，是高职学习者顺利进行学习活动、持续开展学习活动和克服学习障碍的保障因素，体现在学生进取意志、自控自觉、坚持性等方面；学习转化力是学习力系统中的转化部分，与学业考试的目的一致，是高职学习者学习成效的检测和验证，但更侧重于所学知识和信息的实际运用以及对外部世界所产生的积极效果，体现为学习者对知识和技能的理解运用、迁移转化、创新创造和强化执行。

二、学习力的本质界定

虽然学界普遍认可学习力的重要性，但人们对学习力的概念理解并不一致，而且较为模糊，经常将之与学习能力、学习成效、"学会学习"、学习素养等概念混为一谈。笔者认为，捋清以上几个相关概念与学习力的区别是进一步深化学习力研究的关键，因此有必要对相关概念开展辨析。

（一）学习力与学习能力的关系

学习力与学习能力经常被混用，出现这样的情况或许有两方面原因。一是外文翻译迁移的后果。国外对学习力有两种表述：在《美国传统词典双解》中是learning ability，克莱斯顿称之为learning power，柯比则表述为the power of learning。学习能力在外语中明确翻译为learning ability。因此，有的文献即便是探讨学习能力，也会因此直接翻译为学习力。二是对学习力理解存在偏颇。有观点认为学习力就等同于学习能力，如企业管理研究领域，有学者认为"学习力即学习能力，是指一个人在特定的环境条件下，自主地、不间断地学习与岗位工作相关知识与技能的能力"。这种观点没有将学习力视为复杂能力系统，而是仅作为能力组合来看待，同时只看到了学习力中的能力部分，忽视了学习力本身"力"的本质属性即对物体状态施加影响。具备学习能力，是达成对学习者状态产生影响的必要条件，却不是充分条件。学习者状态发生影响必须要有学习能力，却不能只有学习能力，还需要有促进学习能力发挥作用的学习动力因素、维持学习能力发挥的学习毅力因素、推动学习能力持续发挥的学习转化力因素等，这些因素促成了学习力这个能力系统。从这一点上看，认为学习力等于学习能力的观点，是将学习能力看成学习者改变状态的充分必要条件，强化了学习能力的影响程度，却忽视了学习能力之外的其他学习要素的作用。

（二）学习力与学习成效的区别

学习成效的外文翻译有Learning Effectiveness或Learning Outcome，前者侧重效果，即学习的积极影响；后者强调学习的收获，即最终产品、学习成果。早期对学习成效的研究以1979年美国课程理论家埃利奥特·W.艾斯纳提出"学生学习成效"（Student Learning Effectiveness）为代表，指学习者有意或无意参与某种形式的学习后而产生的结果。对学习成效的研究，国内学者侧重于具体性和可测量性，强调学习者参与学习活动一段时间后，在某种形式上的主观评价表现，或是学生经过某种学习后，各方面能力得到了具体可测量的提高①。因此，学习成效有几个关键特征：一是强调学有所成，即要有积极的效果或收获；二是效果或收获要是具体可见，可测可评；三是要通过阶段性结果来体现，其实质是一种结果展示。

将以上学习成效的概念及三个特征描述与学习力做对比，可发现学习力与学习成效之间有一定程度的相似性。学习力与学习成效一样，强调要通过学习活动产生积极的效果或收获，学习力也包括了知识、理解、态度、价值观、技能、行为等方面。但学习力本质是一种动态能力系统，与作为结果表征的学习成效分属不同类别。学习成效要求效果或收获要具体可见、可测可评，但学习力像电流一样，尽管可以被感知，却难以被看见，是一种抽象的复杂建构物。学习力的"可测可评"是该领域目前及未来亟待发展的关键一环，还有很大的研究空间。可无论通过何种评量方式，学习成效都需要通过某种结果或对比来体现，这是其本质属性使然。而学习力的落脚点并不是某种结果展示，而是整个运作体系呈现的面貌，它囊括了学习活动的全程。

因此，尽管学习力与学习成效有某种程度的相似性，但二者仍然不可等同。在本质属性上，前者是一种能力系统，后者是一种结果展示；前者抽象复杂，后者具体可见；前者渗透在学习全程，后者关注结果环节。

（三）学习力与"学会学习"的区别

"学会学习"（Learning to Learn）现在已经成为促进终身学习和建立学习监控管理过程的关键部分，被列入了欧洲终身学习质量指标的15项关键指标和欧盟提出的八种核心素养中②。学界对"学会学习"的内涵界定基本

① 张博.基于学生学习成效的高等学校教学质量保障体系构建研究［D］.哈尔滨：哈尔滨理工大学，2019.

② 项丽娜，张晓红.大学生学习观的影响因素和指导对策［J］.黑龙江生态工程职业学院学报，2014，27（06）：69-70.

从学习结果、学习过程、学习者、学习环境和整合的视角出发。从学习结果看，着眼于学习者"学到什么"；从学习过程看，着眼于学习者"如何学习"；从学习者的视角看，强调学习者在学习过程中的情绪、态度、信念等情志特征的作用，认为学习者的情志因素是其"学会学习"的重要判断标准；从学习环境看，认为学习是学习者和学习环境互动的过程和结果，强调学习的社会动态性而非内部加工过程。在这个视角下，情境不仅是学习的影响因素，更是学习过程中的重要载体，学习嵌套于学习情境中并通过与情境的互动而有所发展①。从整合的视角看，既包括了主动发展的意识，也包括外部情境的刺激，还纳入了学习者个体的情志调动。

无论是哪一种视角，"学会学习"所强调的都是"学会"，是着眼于学习心理结构和认知心理结构的转变，主要是指智力、情感、意志、审美、伦理等方面的提高。因此，"学会学习"是学会思维，以及各种情志、环境的共同运作结果，仍然是一种强调结果和成效的概念，也明确了其作为一种学习者的核心素养，落脚点在"会"上，这就是"学会学习"的实质目标。但学习力与此不同，学习力是一种动态能力系统，尽管也包含了思维、情志、环境等因素，但最终该系统并不需要一个明确的到达目标，而是持续发展的过程。虽然它同样是对学习者产生影响，但这个程度并不设限。二者的落脚点并不相同，"学会学习"落脚于"会"，学习力落脚于"力"。前者强调要有明确可测量的积极结果——can，后者强调这个能力系统如何更好运作——done。

（四）学习力与学习素养的区别

学习素养是素养的下位概念，与"信息技术素养""媒介素养""艺术素养""政治素养"等概念的提法一样，都属于"素养"一类。对于"素养"的探讨学界有不同的观点，联合国经济合作与发展组织（OECD）认为，素养是能够满足要求、成功开展工作的能力；马东明等国内学者则认为

---

① Claxton, G. . Expanding Young People's Capacity to Learn［J］. British Journal of Educational Studies, 2007, 55（2）：115-134.

"素养"涉及个体的认知和非认知因素，包括知识、技能和态度[①]，这就比OECD的素养观点在属性和情境上都有所拓展。国际最具影响力的教育评估项目PISA（Programme for International Assessment）专门考查学生学习素养，在PISA的评价体系中，学生运用所学知识和技能解决和解释问题的能力就是素养。因此，素养是个体素质的一种具体化、情景化的表现，是一种稳定质量与基本倾向[②]。

无怪乎时有观点混淆学习力与学习素养，因为二者都关注学习者个体在学习活动中的综合表现。但仔细剖析，二者还是不同的。首先从二者本质属性来看，词源往往反映了该概念最初提出时的本质设想，学习力（learning power），落脚于power，是力量、能力、激励、供以动力的意思；而素养的释义为"平日的修养"，翻译为attainment或accomplishment，都表示经过种种努力之后取得的成就。从词源释义可以发现，学习力实质是一种能力系统，它由多维度的因素共同构成，而且强调"供以动力"的作用，是从系统运作的视角探讨学习活动的；学习素养则是一种质量表现，展示学习者经过努力后的综合成果，只有在学习关系产生时才能显现出来。从这一点上看，学习素养与上文提及的学习成效一样，都强调结果展示，也正因此，它们与强调系统运作和作用发挥的学习力从本质上不是一类。其次，从二者的状态属性来看，学习力是一种动态能力系统，强调对学习者自身状态产生影响，它可以通过内部各要素的不同铺排或程度变化达到整体状态的转变，是动态的；但学习素养作为个体素质的一种具体化、情境化的表现，它的一个重要特征是相对稳定性。尽管它与世界上其他事物一样总是处于发展变化之中，但人的学习素养一经形成、凝结，就会在各种学习活动中以相对稳定的形式表现出来，在各种场合条件下都会显露出较为一致的质量。可见，二者的状态属性是不同的。

综上，学习力与学习素养尽管都关注学习者的综合表现，但前者强调的是个体通过怎样的运作达到了这个表现，即"力"的作用，即施加了什么样

---

① 马东明，郑勤华，陈丽. 国际"终身学习素养"研究综述 [J]. 现代远距离教育，2012（01）：3-11.

② 齐宇歆. 基于PISA的学习素养评价系统设计 [D]. 上海：华东师范大学，2013.

影响；而后者强调的是个体拥有怎样的具体表现，即这个表现包括什么。前者是动态的，后者相对稳定。

第四节　学习力的影响因素

有关学习力影响因素的研究多数与某一类型的学习力主体联系在一起。有聚焦于单一类型影响因素的，如贺文洁等学者对北京市1 882名中学生进行学习力结构、表现特点、类型及影响因素的调查，探索出家庭经济资本、文化资本、父母期望、父母支持对中学生学习力具有显著的预测作用[①]。也有将内外部因素杂糅在一起进行研究的，如曹立人等学者对3 056名高中生进行调查，通过建构学习力与影响因素的数学模型，探究各影响因素对高中生学习力的影响路径。该研究发现，影响高中生学习力的因素有六个，分别是认知能力、动机水平、精神状态、人际协调、身心优势感和学习氛围[②]。研究显示，动机水平、精神状态、学习氛围、认知能力等因素主要影响着学习方法运用力、学习态度调控力和提问互惠力，但学习自控力主要受精神状态影响。也就是说，高中生的学习力总体受到学习者个体内部包括认知、动机、精神、身心优势感的影响，同时也有人际协调、学习氛围等外部环境的作用。厦门大学博士王芳对大学生学习力进行模型构建，并提出了个体层面因素、中微观环境因素和宏观环境因素三类影响因素。其中，个体层面包括个体特征、家庭、学业等要素，中微观环境主要指年级、学科类型、课堂教学环境，宏观环境包括校园支持满意度、人际环境满意度、学校环境满意度等[③]。这种观点对学习力影响因素的划分较为翔实细致，但较少触及学习者个体学习心理、学习行为等因素对学习力的影响。

---

① 贺文洁,李琼,李小红.中学生学习力:结构、类型与影响因素研究[J].教育学报,2017,13(04):79-88.

② 曹立人,王婷,朱琳.高中生学习力的影响因素研究[J].心理与行为研究,2016,14(06):773-778+787.

③ 王芳.我国大学生学习力模型研究[D].厦门:厦门大学,2021.

从上述文献可发现，学习力的影响因素很多，大致可以划分为个体本身与外部环境两大类。个体因素主要指学习者个体本身具备的或可以通过自身实现调整的要素，如个体特征、个体认知、个体行为、个体身份等；而外部环境因素则指在学习者管控范围之外的生态，比如社会、学校、家庭、师长、同伴等在一定作用机制下产生的行为、氛围等。因素之多，实难进行一一详析。回到学习的概念界域来看，学习是凭借经验产生的、按照教育目标进行的、比较持久的行为变化，这强调了学生的先前经验和过程行为，因此，本书在影响学习力的先前经验因素与过程行为因素中各选其一——学习观和学习策略进行分析，以佐助对学习力的深入探讨。

一、学习观

"学习观"是外来词汇，原文为"learning conception"或"conception of learning"。国内外对学习观的界定是比较统一的，即学生对学习本身的看法[1]。但具体到内涵上，不同学者有不同的理解和分类。

对学习观内涵的研究，可以追溯到瑞典学者马顿（Marton）和萨尔乔（Saljo）所开展的现象图析学研究。他们通过一批学生对自己阅读过程的描述进行分析，认为学生的学习观分为浅层和深层两种，区别在于对学习的看法是被动还是主动的。浅层学习观认为学习是一种被动接受的过程，而深层学习观则认为学习是源于内在的欲望和兴趣。后来，萨尔乔在进一步研究中将这两种学习观通过"学习实质是什么"的视角细分为增加知识、提升记忆、能在实践中应用的程序、获取意义及理解现实世界的解释过程。马顿通过研究证实了这五种学习观，并提出了第六种学习观，即学习是学生成长的过程。中国学者陆根书在借鉴萨尔乔观点的基础上提出新的解读。他看到了学习对知识世界和对学习者产生的改变，认为学习观层次逐步递进，从认为学习是为了满足外在的需要，到把学习看作满足了学习者的内部需要，这从关注学习客体的知识到关注学习主体的学习者。

---

① 卢丽君. 我国大学生学习信念的实证研究［D］. 厦门：厦门大学, 2013.

对于学习观内涵的探究呈现逐渐细化和深入，同时总体上都认可学习观有低端倾向和高端倾向的共识，由此学习观的维度也逐渐清晰。主要分为侧重分析学习观包含因素的静态结构模型、侧重于分析学习观层次变化规律的动态结构模型以及整合二者之说的综合结构模型。

（一）静态结构模型

静态结构模型主要以系统嵌入模型和两级维度模型为代表。系统嵌入模型由索梅尔提出，将学生的学习观分为知识确定性、知识简单性、能力固定性、学习快捷性四种因素，每个因素都是一个由低端倾向和高端倾向组成的连续体，后期发现个体对学习性质、过程的看法在学习观研究中很重要，因而索梅尔又进行了修正，提出了学习观的系统嵌入模型，把学习观划分为知识的信念系统和学习的信念系统，如表1-4所示。

表1-4　学习观的两个系统维度

系统类别	维度	低端倾向—高端倾向
知识的信念系统	知识的来源	知识来自权威—知识来自自己的推理
	知识的确定性	知识永远不变—知识不断发展变化
	知识的结构性	知识是孤立的事实—知识之间、知识与生活存在内在联系
	知识的判断	基于权威的判断—运用一定探究规律或专门知识的评价进行判断
学习的信念系统	学习能力	先天注定—后天改善
	学习速度	很快完成—循序渐进

来源：史秋衡，汪雅霜. 大学生学习情况调查研究［M］. 北京：教育科学出版社，2014，80.

另一个静态结构模型是两级维度模型，由霍弗和平特里奇提出。他们从认识论信念核心结构的两大因素——知识的性质和认识的性质入手分析学习观。结果见表1-5。

表1-5　两级维度模型

两大因素	维度	低端倾向—高端倾向
知识的性质	知识确定性	相信知识是固定不变—相信知识是动态可变的
	知识简单性	知识是累积的事实—知识是高度互联的
认知的性质	知识的来源	知识产生于自我之外—知识在自我与他人交互过程生产生
	认识的证明	相信权威及专家—学会评价证据、支持并证明自己观点

来源：史秋衡，汪雅霜.大学生学习情况调查研究［M］.北京：教育科学出版社，2014：80.

（二）动态结构模型

动态结构模型以马顿（Marton）等人提出的"六水平论"为代表，他们发现学习观可以根据一种由低到高的六种水平标准进行建构。其中，前三种学习观属于浅层学习观，即学习者认为知识是客观的，学习是为了把知识拿来存储。后三种属于深层学习观，强调知识意义的主观性。结果见表1-6。

表1-6　学习观的六水平

学习观	是什么	怎么学
增加知识	学习就是增加量化的、离散的和事实性的知识。学习就是知识的累积	拿过来、装进去、存起来
记忆和复制	学习就是记住某些东西，能够复制出来，它局限在一定的情境中	有一个学习者和反复的学习行动
应用	学习是应用某种知识和程序，发展应用能力	提取存储的信息然后加以适用
理解	学习是或的意义、看待事物的方法	通过行动产生对事情的看法
以不同的方式看事物	学习是改变自己思考事物的方式	新的视角看待事物
人的改变	学习是发展对事物的新视角，以不同的方式看待世界，从而改变整个自己	自我的变化，能力的增长

来源：刘儒德，宗敏，刘治刚.论学生学习观的结构［J］.华东师范大学学报（教育科学版），2005（3）：49-67.

（三）综合结构模型

中国学者刘儒德等人在综合分析上述几类模型后，将静态结构和动态结构结合起来，提出了纵横交错的综合结构模型。横向上，他将学习观分成知识性质、学习性质、学习过程和学习条件四个维度，纵向上由低层次的客观主义倾向往高层次的建构主义倾向发展。不同学生在每一个维度上的认识存在差异，同一学生的认识也随着时间和经验的变化而变化。

表1-7　学习观的综合结构模型

学习观维度	客观主义倾向	建构主义倾向
知识本质观	知识具有客观性、确定性、简单性	知识具有主观性、社会性、暂定行和互联性
学习实质观	学习就是获得一个客观信息（像一个客观的东西一样，知识的意义独立于个体学习者，所有所习者获得的意义是一致的）	学习就是产生一个意义联系，知识的意义依赖于个体学习者，所有学习者获得的意义具有独特性和多样性
学习过程观	学习动力来自外部强化，学习由教师控制和负责，学习程序是固定性的，知识的获得是快捷性。学习策略可以加以机械套用，重在记忆、复制，学习结果的检验靠最终的外在的作业和考试	学习动力来自内部动机，学习由学习者自己控制和负责，学习程序是灵活多样的，对知识意义的深刻理解需要反复多次完成，学习策略需要学习者灵活应用，重在深层理解和问题解决，学习结果的检验靠自我评价、靠学习过程的表现，靠真实问题的解决
学习条件观	学习材料和任务是结构良好的，能力是固定不变的，学习资源、教师和同伴是外加的，教师的教起决定作用	学习材料和任务是结构不良的、真实的，能力是可以通过努力而增强的学习资源、师生及生生交互作用是学习环境中必要的条件

来源：刘儒德，宗敏，刘治刚. 论学生学习观的结构［J］. 华东师范大学学报（教育科学版），2005（3）：49-67.

学界对学习观结构的研究跨界教育学和心理学领域，而且关注到了学习观作为认识层面的属性，具有变化发展的动态特征。因此，许多研究更侧重对认识论信念的探究，即对"观"的关注。许多文献验证了学习观对学习者产生的影响，已知文献中主要包括对学习策略、学习情感体验、学习方式和学习结果产生的作用。

（四）对学习策略的作用

索梅尔和克劳斯在研究中发现，持有建构性学习观的学生对目标定向掌握更好，在学习策略运用方面也更有优势。当学生持有"能力是后天培养的，而非固定不变"的学习观时，他们对学习困难的克服韧劲更强，不会轻易放弃，而且学习观对学习策略有显著影响，成就目标定向在其中起中介作用。

（五）对学习动机的影响

许多学者发现，持较低倾向学习观的学生在学习过程中容易产生消极情感，比如焦虑和厌学情绪等，这些会消解学习内在动机；但反之，持有建构性学习观的学生更容易掌握学习中的目标定向，对学习的成就感和愉悦感体验更强，从而促发积极的内在学习动机；索梅尔等人从反向验证发现，学生很重视所学知识对他们的未来能否产生积极作用，在这种实用倾向学习观影响下的学生通常不愿花时间努力去学习。

（六）与学习方式的关系

克劳福德等研究者发现学生所持有的学习观与学习方式之间有密切的关系。Chang Zhu和马顿运用学习观量表和学生学习技能调查量表对中国学生和弗兰芒大学（Flemish University）学生进行了跨文化研究，发现中国学生比弗兰芒学生更倾向于学习观的理解和社交维度，学习观影响着学生对学习方式的选择。

（七）对学习结果的作用

索梅尔（Schommer）和克劳斯（Crouse）发现学习观与学业成绩有密切联系，学习观通过影响学生选择学习策略与设置理解标准，进而影响最终的学习结果。持有建构性学习观的学生通常学习成绩更好，持客观性学习观的学生则相反。究其原因，在于学习观能指导学习者选择积极进取或消极敷衍的认知策略，使他们体验到积极或消极的学习情感，从而影响他们对学习的热情和投入，进而形成学习上的正向良性反馈或者负面恶性循环。

正是因为学习观能对学习产生巨大的影响，因此有学者认为重视和引导学生培育正确的学习观应该成为学校教学改革的一个重要目标[①]。周琰、王学臣提出通过改革传统的教学方式、开设拓宽学生视野的选修课、提高教师的学习观水平、引导学生树立终身学习理念等方式来促进学生学习观的转变。祖燕飞等人提出从课程设置、教材编制、学分管理、评估体系等方面去为学生学习观的正确树立营造良好校园生态。陈胜同样看到了环境育人的重要性，他进一步提出除了校园文化和校园环境对学习观的转变有影响，还应优化社会环境。

综上，学界对学习观的研究基本上回答了"学习观是什么""学习观包括什么""学习观能做什么"和"怎样转变学习观"几个问题，围绕这几个问题，可以勾勒出学习观大致有以下特点：①学习观是学生对学习本身的认识和看法，根据不同的认识和理解，学习观内涵存在低端倾向和高端倾向的区分；②学习观具有不同的维度，根据各维度之间的关系构成学习观的结构体系，学习观的结构同样存在低端和高端倾向的若干层面；③学习观对学习能够产生影响，持高端倾向学习观对学习带来的正面影响比低端倾向的显著；④转变学习观除了需要学习者主观能动性的发挥，学习者所在的外部环境也是重要因素。

二、学习策略

"学习策略"的概念出现在布鲁纳1956年首次提出"认知策略"之后[②]，此后40年中，学界对于学习策略实质是什么展开了大量的探索和研究，基本上呈现出四种分类：一是学生用于获取、保存和提取知识和作业的各种操作的程序；二是一种内隐的学习规则系统；三是学习过程中任何被用来促进学习效能的具体学习方法或技能；四是能够促进知识的获得和储存以及信息利用的一系列学习活动过程等。

但进入20世纪90年代后，有学者认为上述几种分类都只能展现学习策略的部分特征，甚至它们还存在明显分歧，因为上述四种学习策略的分类过于宽

---

① 刘儒德.学生的学习观及其对学习的影响[J].教育理论与实践,2002(9):59-62.

② 史耀芳.学习策略及其培养[J].江西教育科研,1994(2):36-38.

泛，既可以指行为，也能指心理活动；既可以体现学习总体风格，也能指某种技巧；既可以指学习者对方法的拥有，也能指他们对方法的使用……因而，近30年来，国内外学者对学习策略内涵的探究，集中于对上述几种分歧的梳理。

国内学者胡斌武认为学习策略应该兼有方法和技巧两种属性，以对学习产生作用为目标，因此他把对学习方法的选择、使用、调控等手段均纳入学习策略范畴。史耀芳对国外相关研究进行综述之后将学习策略的内涵归纳为三种：学习的程序、方法、规则；学习过程中对信息的加工；学习监控和学习方法的融合。史耀芳认为，无论是哪一种解读，学习策略都要既可操作又可监控，既有固定风格又灵活变通，既显现于外在又深耕于个体内部[①]。这种说法将90年代以前学习策略内涵的研究重新进行整合与梳理，强调了学习策略中元认知的作用，总体来说，很多学者都倾向于认为学习策略的内涵丰富，包括学习者有意识、有目地对学习活动进行积极的调控等。

学习策略研究初期，研究者们更多地关注各类策略的具体名目和作用，对学习策略本身维度和结构研究不多。后期研究者们逐步发现个体的学习成效与其学习策略内部要素运作有关。21世纪前，国内外对于学习策略结构的研究具体呈现以下三种。

表1-8 国内外学习策略结构研究主要观点表

类别	代表人物	构成要素	主要观点
二因素	雷斯尼克、贝克，1976	一般策略、调解策略	一般策略负责推理、思维有关的活动，调节策略则负责启用特殊技术以完成具体的学习任务
	柯比，1984	微观策略、宏观策略	微观策略关注特殊知识技能，宏观策略关注情感动机因素
	丹瑟罗，1985	基本学习策略、辅助策略	基本学习策略是学习因素凸显的各类策略，辅助策略也可运用在其他活动中

---

① 史耀芳.二十世纪国内外学习策略研究综述［J］.心理科学, 2001（5）: 586-590.

续表

类别	代表人物	构成要素	主要观点
二因素	胡斌武，1995	操作性方式、操作性控制方式	操作性方式是主体从事认知活动时所用的操作程序；操作性控制方式是依据认知目标对认知的操作性活动进行监督、调节和控制
三因素	尼斯贝特、舒克史密斯，1986	一般策略、宏观策略和微观策略	包括提问、计划、调控、审核、矫正、自检等
三因素	克莱尔、欧内斯特、帕特里夏，1988	复述策略、组织策略和精加工策略	是学生在学习过程中通常使用到的学习策略类别，体现在知识复述、信息组织和加工
三因素	比格斯，1984	深层学习策略、浅层学习策略和组织型学习策略	深层学习策略对学习者影响更深远，浅层学习策略功利倾向显著，组织型学习策略强调合作、探究、关联、参与
三因素	波凯，1990	元认知策略、认知策略和努力策略	强调学习过程中的反思、认知和行为动力因素
三因素	周国韬、张平、李丽萍、刘晓明，1997	计划性策略、努力策略和认知策略	注重学习活动的前期计划、过程管理和观念指导
多因素	加涅，1995	选择性注意策略、编码策略、记忆探求策略、检索策略、思考策略	"多因素说"下的学习策略分类繁杂，通常视不同的学习环境进行不同分类，针对性更强，但普适性不足
多因素	史耀芳，1991	注意策略、组织策略、联想策略、情境策略、动机和情绪策略、元认知策略	
多因素	谷华生，1998	元认知策略、认知策略、动机策略和社会策略	
多因素	张履祥、钱含芬，2000	课堂学习策略、巩固记忆策略、解题思维策略、创造学习策略和总结考试策略	

来源：笔者自行整理

进入21世纪，国内对学习策略结构的研究体现出归纳整合的趋势。如史耀芳原先认为学习策略结构可分为六因素，但在后来的研究中他将六因素重新整合归纳为包括方法和认知的操作因素、包括情感策略的情态因素和包括监控策略的元认知因素。陆根书在对学习方式进行量化研究的过程中，探讨了学习方式中的动机和策略，将学习策略分为深层和浅层两种。其中，深层学习策略体现了"关联"和"理解"，浅层学习策略指向了学习的功利倾向。

多数研究者还认为，学习策略对学习结果有显著正相关。本研究所指的学习结果，与以往研究中的"学习成效""学业绩效""学习成绩""学业成就"等通用。一种理想模型由此产生：积极的学习动机通过促进学习策略的运用从而优化学习结果，学习结果的优化又进一步强化了学习动机，形成正向反馈。这些观点激发了学习策略训练的必要性，针对学习策略训练的研究也成为该研究领域的热点。史耀芳提出可以通过课程模式、渗透模式、交叉模式进行训练，这种观点认可了学习策略的可传授性和内隐性，但受到传统教学模式的拘囿，难以发挥学习者主体作用。史耀芳在后来的研究中看到这一点，重新提出学习策略训练除了与教学内容相结合以及加强解决问题技能的教学以外，还要训练自我监控能力。

综上，学界对学习策略的研究大致有内涵、结构、训练及与学习动机、学习结果的关系等几个视角。学习策略大致有以下特点：①学习策略的内涵基本上在对学习活动有积极意义的学习程序、规则、方法、技巧及调控方式范畴内；②目前对学习策略结构无统一定论，但明确了学习策略结构应至少有行为层面、情感层面和认知层面等维度；③学习策略与学习动机、学习结果都存在显著相关性；④对学习策略的训练具有必要性和可行性，除了通过教学和任务式实践，学习者个体的监控能力也是训练学习策略的重要因素。

第五节　学习力的实践

实践性是教育理论的本质特征，也是教育理论的生命活力之源。因而对教育问题的应然审视最终落脚于"知行合一"，即不仅在学理层面得到深化，还应投射到现实问题中从而推动教育实践，达到学理性与实践性的统一。从学理上看，学习力研究是在学习现象基础之上的理论凝练，探讨学习力问题的同时推动学习研究深入发展。从实践上看，学习力问题最终必须落脚于实践层面，主要包括如何评估学习力和如何提升学习力两个方面。

一、学习力评估

学习力水平直接关系着人的发展潜能和发展愿景，对学习力的评估是实施教育过程中不可缺少的一环。但学习力也因其不可见的抽象性，在测量上存在一定难度。目前国内外对学习力的评估研究仍显薄弱。

英国的ELLI项目在学习力评估方面的研究比较成熟，所开发的"蜘蛛图"学习力动态评估方法已经成为学习力研究领域中常用的评估方式。基于其解构出的七个要素，调查了解学习者的发展信息，确定被测量者的个人学习力剖面图（见图1-4），最后形成整个学习群体的学习力饼图。"蜘蛛图"评估方法的优势在于具有可变性和互动性，是一种动态的评估方式，通过不断地向学习者反馈个人学习力信息以及向教学者反馈学习者个体和群体的学习力数据，发挥出诊断学习者认知能力、自我意识等发展情况的作用，帮助教学者确认学习者需要提高的内容，为学习者提升学习绩效提供支架。

关于学习力的评价，多以中学生为研究对象，且以学科为依托。如结合当前高中生心理发展特点和主要问题，以及素质教育和新课改对普通高中学生评价的实践要求，构建了针对高中生学习力的三级指标体系（动力层、辅助层和执行层）[1]；如基于加德纳多元智力理论及其量表和布卢姆认知目标分类学及其阐释，以学习力三层次和七要素为框架，设计出学习力评价框架和量表[2]；如针对初中学生科学学科学习力的评估研究，从学科驱动力、科学学科学习能力、科学思维力当方面进行建构。郑伟波在其文章中提到过一个学习力评估公式，他认为比较学习力大小要考虑创造物质精神财富能力（Wealth）、学习主体综合素质提升的快慢（Quality），以及学习主体学习能力的大小（Ability），并通过量化中的权重来实现学习力的量化公式："$L = aW + bQ + cA$"，即"学习力=创造财富的能力+主体综合素质提高的速度+学习能力"[3]。

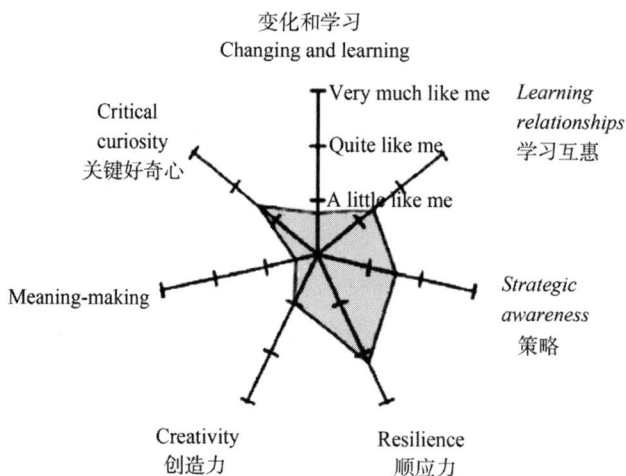

图1-4 ELLI项目学习力评估"蜘蛛图"

学习力评估的研究总体上存在着从理论到实际、从静态到动态、从外部到内部的趋势。在初期的研究中，学习力评估是平面发展的，多见于理论探

① 王冠楠. 高中生学习力评价指标体系的构建研究［D］. 天津：天津师范大学，2016.

② 杜冬冬. 基于个性化学习的高三毕业生学习评价框架研究——以语言、数学、人际、内省智力为例［D］. 重庆：重庆师范大学，2019.

③ 郑伟波，孙明帅. "学习力"概念辨析及要素综述［J］. Economic, Business Management and Education Innovation, 2013：602-607.

索，多强调外部评判标准。随着对学习力研究的深入，评估研究逐渐演化为动态的、可评估的、立体的、内涵式发展的模式。因此，能运用于实际中并获得有效验证、具有互动和可变性、能发挥学习主体的重要性等将成为学习力评估的未来发展趋势。

二、学习力提升

国内外对学习力提升的研究呈现出不同特点。国外多注重从学习者个体出发，在认知、心理、情绪、与外界关系等方面探索提升策略，讲求实效性。国内则观点丰富，更强调教学者理念上的指导、外部环境的促进作用以及课程设置能够发挥的效果。

克莱斯顿等人参与发起的ELLI项目在英国近40所学校展开运用，主要通过创造健康的学习关系、对话学习、提供榜样、反思过程、评估学习、提供挑战、创造环境等手段，在学生学习力提升方面取得了很好效果；曼切斯特大学的琳达博士建构了解释、协调、评论、建模的学习力提升"四步法"；柯比从多个方面描述了提升学习力的有效途径，包括明确为何学习、保持终身学习的态度、以喜欢的方式学习、拒绝低效能、创新思维解决问题等措施；诺埃尔·兰迪提出"超级学习力训练"，内容涵盖时间管理、记忆策略、阅读技巧、笔记方法、写作能力、考试技巧等多个方面；艾瑞卡·安德森（Erika Andersen）提出了提升学习力的ANEW模型，从理想、中立客观的自我评价、永无止境的好奇心和愿意从差开始四个维度阐述提升学习力的方法。总体而言，国外对学习力提升方面的研究更多聚焦于实践操作。

国内对学习力提升的研究起步较晚，但视角更丰富。如从教育技术实践的角度探讨构建学习力的方法，包括建立学习力量化考核标准等[①]；面向基础教育改革的整合完善课程体系和学校制度与管理；以"以学习者为中心"理念为视角的提升学习力"三部曲"——还教于学、还学于生、还生于人；针对高职学生实际特点进行学习力提升探索的；还有以构建课程为载体开设

① 沈书生, 杨欢. 构建学习力: 教育技术实践新视角[J]. 电化教育研究, 2009（06）: 13-16.

《学习学》等。受疫情的影响，国内研究开始聚焦在线学习力的提升问题，如基于"动机—行为"理论而构建的在线学习力模型展示了学习活动、学习动力和自主支持对学习力所产生的影响，从理论上验证了上述因素能有效促进学生在线学习力。不难发现，国内研究重视理论阐述，在实践验证方面还有很大的拓展空间。

第二章　高职学生学习力现状分析

高职，是高等职业教育的简称，中国高等教育的重要组成部分，以培养技术型人才为主要目标。本书所指的"高职"主要指专科层次的高等职业教育，生源主要来自普通高中毕业生、中职毕业生和社会人员，入学形式一般通过普通高考、学考、"3+2"、现代学徒制、高职扩招等形式，高度聚焦社会需求和岗位要求以设计课程和教学内容体系，注重实践教学，强调以工学结合、产教融合、校企合作等方式培养"必需"和"实用"的适应社会经济发展的高素质技能型专门人才。

从生源来看，高职学校分数线比本科院校低，学生整体成绩水平和学习热情不高；人才培养更倾向于实际操作技能方面，培养方式也更为注重校企合作、工学结合，灵活性较大，因此高职学生动手能力较强；高职院校的办学定位普遍建立在地方产业发展和经济社会发展需求的基础上，以提供技术技能人才为己任，因此高职学生多数具备时下最贴合地方发展的技术技能，上岗无缝对接；但社会对高职学生的评价不高，普遍认为相比本科生"低人一等"，高职学生的心理期望、自身定位、价值实现、发展前景等无不处于社会约定俗成的矛盾中。从高职学生学情基本面出发，在学习力框架下进行探究，高职学生学习力情况得到大致描摹。

第一节　高职学生学情文献综述

高职学生学习力属于高职学生学习研究的重要内容，因此探讨高职学生学习力需要将其放置于高职学生学习研究的大背景下进行。在学习研究领域，以高职学生为研究对象的文献数量丰富，涉及很多方面，包括学习方式、学习动机、学习策略、学习态度、学习效能感、学习倦怠感等。

从现有关于高职学情的文献看，高职学生动手能力较强，学习资源很多，但学习能力、甄别能力和学习主动性不足，在自控力和学习兴趣方面都有欠缺，自助学习水平有很大的提升空间，尽管学习具有一定效果，但自助学习方式比较单一。激发学习者自主或自助学习的重要因素是其学习动机，整体呈现实用主义倾向，且浅层型动机与成就型动机占主要地位，说明学习实用主义倾向明显，对学习知识和技能本身的兴趣并不浓厚。学习策略使用效果不佳，没有制定合理的学习计划，缺乏学习兴趣，学习得过且过，学习策略的使用频率低于普通高校大学生和研究生，且对于本科及研究生最常使用的记忆策略，高职学生反而使用频率最低，他们最常使用的是认知策略和补偿策略。在学习满意度方面，高职学生更喜欢"实践教学"，对"素质拓展"满意度偏低，总体的学习满意度偏低。某调研通过18 980个样本探索高职学生学习满意度情况，发现教师教学水平和学生对学习资源获取的主动性都存在一定提升空间，师生对校园所提供的支持因素满意度不足。在学习情绪方面，对比其他学习群体，高职学生学习倦怠比较明显，常体现为学习成就感不高、学习行为不恰当、学习情绪不佳，尤其以成就感低最为突出，且来自职业学校的高职学生学习倦怠程度显著高于来自普通高中的高职学生，总体学习成就感或学习效能感也普遍低于其他学习群体，具有显著的求成避败性和复合性。从上述观点可发现，从自主学情、学习动机、学习策略、学习满意度、学习倦怠感等方面进行调查所得出的结论，均不乐观，这也体现了高职学生在以上方面的现实状态和存在问题。

对高职学情的判断仅通过针对某些方面学习特征开展调查的结论是不够的，整体上还需更全面的关注。在这一类调查文献中发现，高职学生存在学习上的共性：很注重学习过程中实践技能的获得，倾向选择更直观的学习方式，在学习内容的选择上则高度关注实用性。大部分高职学生拥有正确的学习观，但前期的学习基础不扎实，学习缺乏自信，学习目标不明晰，学习规划性不强，普遍存在学习动力和学习信心不足的问题，超过50%的高职学生认为自己学习能力欠缺。特别在新入校阶段，脱离了家长监管，很容易产生自控力不足的情况，同时部分家庭长期存在"功利性"教育，忽视学生学习兴趣的调整，只看文凭能否在参加工作后兑现实际价值，也容易造成高职学生的教育忧郁状态，使他们离正常积极的学习状态越来越远，学习过程中容易产生情绪波动，有明显的依从学习行为特征。丧失动力和兴趣、对前途没有信心、学习成绩不理想是其厌学的主要原因。但总体而言，高职学生在学习本质、目的、方法、能力、态度、实践等方面的发展趋势仍然值得展望。

第二节　高职学生学情特点

一、学习特性

对学习者学习特性的提炼，涉及对其学习风格的探讨。学习风格是学习者学习知识、感知事物、解决问题过程中表现出来的持久稳定并且具有个性化的认知倾向或偏好，从认知学习风格来看，可以分为场独立型或场依存型[①]。前者在学习过程中对外界依赖程度较小，但后者相反，极易受周边环境影响，学习较为被动，急需外界推动力激发学习行为，这类学生更喜欢集体合作学习。从访谈结果来看，受访者的场依存型风格明显。

平时我用在学习上的时间偏少，只有老师布置的、硬性要求完成的才会去学，自主学习比较少。（S1-10）

有学习任务时会比较紧张，比如考证、老师布置任务的时候，如果没有就会很放松。我的学习属于"看心情"，如果对学习内容有把握的可能会拖一点儿时间再去做，如果遇到比较有挑战性的就会一开始就主动去了解。（S2-58）

大一开学时目标不是很明确，这样的状态持续了半个学期或一个学期，当时我在学习上得过且过。上大学前，大家都说上大学会很轻松，结果上了大学感觉不太一样，有时候还是挺累的。我们现在就经常刷题，现在有通过

---

① 韩江红.学习风格理论在英语课堂小组合作学习中的应用[J].教学与管理,2010(33)：114-115.

考证的目标，所以学习上还有努力，一般般努力。（S8-357）

比较颓废，沉迷电子产品及网络游戏。（S10-459）

高职学生在学习上也呈现出自我要求度较低的特点。从上述访谈结果来看，"佛系""得过且过""看心情""一般"等词的出现频率比较高。显然，这部分受访者的学习较为被动，即使在清楚自身学习提升空间较大的情况下，仍然保持原有状态，未曾考虑或不愿在行动上予以调整。比如有一位受访者明确知道自己学习效率不高，"要花很长时间去实现学习目标，复习时间会很长。我自己就是复习一会儿玩一会儿，复习半小时，玩朋友圈、上网、聊天、抖音、看剧，比较久。"（S7-326）但她给出的原因是"没办法，外面诱惑力太大了"。但这种"诱惑"对于场独立型风格的学习者而言可能不是问题，因为他们对外界依赖程度低，也就不存在难以抵挡的"诱惑"一说了。

同时，访谈对象也普遍体现出较强的实践信心："我的实操比理论做得更好，实操能力更强。相比之下，我认识一些上了本科的同学，动手能力都没有我们好，但他们理论会比较好。"（S1-27）可见高职学生对于"实践"的意愿和成就感都较强，这高度呼应了高职教育人才培养指向。

二、存在问题

访谈结果显示，高职学习者在学习上存在的问题具体可以从自制力、执行力、目标感、效能感几个方面进行描述。

（一）自制力不足

自制力通常被认为个人对自己心理如情感、愿望、习惯、爱好等控制或克制的一种能力，体现着个体的意志自由。从访谈情况看，高职学习群体的自制力并不理想。

高职学生毕竟多数是在高考中被筛选下来的人。有自制力的学生，应该基本都上了本科，所以上高职的学生普遍学习毅力不强，自制力不高。（S1-23）

如果课余时间比较多，很少会自觉学习，我们总是需要外界去帮助自己

控制或安排时间。（S3-118）

学习毅力低我是感同身受的，因为我毅力也低。（S9-419）

社会环境、游戏太精彩，诱惑力太强了。（A2-589）

（二）行动力欠缺

行动力主要包括行动者的行动能力和所拥有的可动用的资源。与上述关于场依存型风格相呼应，高职学生学习被动，显著体现在行动力欠缺。

有些同学计划专升本、考证、奖学金，但持之以恒的会比较少。我们班有一个同学天天去图书馆，专业课成绩是最好的，但我们班只有一个这样的同学。（S4-171）

大家其实都有学习能力和动力的，但还是太懒，不想去做，还是想"躺平"，上进心不足。想平平淡淡过完大学生活，但又想未来找到好工作。（S5-224）

（三）目标感不强

目标感弱，学习行为中的抗逆性就相应减弱，学习者也更倾向于依赖兴趣来维持专业学习[1]。访谈结果呼应了这一点，有受访者表示，"我们普遍没有目标，不知道自己的专业是干吗的，不知道自己以后出来干什么"。（S3-118）

有受访者举例，"比如说有的人在专业学习上兴趣不高，而在课外有其他感兴趣的学习内容，就可能会放弃原有专业的学习。而且高职学生一般都不喜欢学术钻研，专注点不在本课程学习也是有可能的，不代表在其他领域的学习就不好。在学习上，高职学生确实比较难维持，经常会有觉得很累、熬不下去的感觉，或者在学习时专注度不高，很容易被别的事情带跑了"。（S2-72）目标感对抗逆性和自我控制是必要不充分条件，如果学习者体现出了较强抗逆性和自我控制，一定源于其有坚定的学习目标。高度依赖兴趣的情况体现了这个学习群体目标感弱的问题。

---

[1] 李思玲,胡海建.学习力视角下本科层次职业教育人才培养的现实困境和突破路径[J].职业技术教育, 2021, 42（31）: 13-19.

（四）效能感匮乏

一位用人单位管理者在访谈中描述出了高职学生进入职场后可能存在的状态："高职生刚开始是有心理负担的，最明显的就是高职和本科的待遇一开始是有差距的。高职生会明显感觉到差距，有的人不敏感，但有的人很重视，可能会给他带来动力，也可能就觉得自卑。他们和别人聊天和处事的时候会觉得自己是被领导的，会等着别人说话做事，自己不吭声。特别是在展示自己的时候，他们不会主动。但如果在实操现场，他们就很主动。"（E1-619）这位用人单位管理者虽然描述的是进入职场的高职学生，但学习过程本身就不应只局限于校内学习，职场中的表现也是高职毕业生的学习体现。从访谈内容看，高职学生的学习被动也来自与其他受教育对象群体的差距，且这种职场待遇的差距与他们长期的学习待遇应是一脉相承的，他们的职场被动很可能源于长期的学习被动，这意味着高职学生可能长期经历着学习落差感。

总体而言，高职学生的学习情况呈现出高度外界依赖与较低自我要求并存的特点。他们实践意愿强，兴趣有向专业外延伸的倾向。肯动手、肯实操，但对专业兴趣不甚高，对专业学习之外的事物反而有较强的探索热情。他们心态"佛系"，行动"躺平"，喜欢以"无所谓"的态度处理学习问题，难以自主学习。认真学习的学生备受压力，压力主要来自同伴的不理解和本身所处氛围的对立。他们的学习成就感长期较低，自信不足，普遍较少获得学习上的认可，有"破罐子破摔"心理。他们的学习目标感弱，混沌茫然。虽然他们普遍认同学习对自己及未来有益处，行动上却过于"实用主义"，迫切希望又时常怀疑是否能通过学习产生效益，容易陷入"不知学习为了什么"的思想怪圈。他们的学习自制力不足，难以抵抗诱惑；自我要求不高，易处于"明知山有虎，偏向虎山行"的状态，对自己的某些行为选择产生无助感。

第三节　高职学生学习力现状

学习力是对学习者学习状态能够产生作用、施加影响、发挥效果的一种动态能力系统，是"力"在学习过程中的体现，包括学习者在学习过程中的态度、能力、意志、行为，渗透在学习活动的整个过程。基于学习力本身属性和系统运作的逻辑，学习力包括驱动、运作、保障和转化四个部分，即学习动力、学习能力、学习毅力、学习转化力四个维度。根据此框架，研究组通过量化调研和质性访谈，获取了当前高职学生学习力真实情况。

一、量化数据结果

在量化调研中，从研究的可行性角度考虑，研究组选取了所在省域作为调研区域，通过随机抽样的方式，获得该省33所高职院校的共2 073个有效样本。样本中，生源区域在"中部"占比最高，为44.48%。样本中有69.85%为"普通高中生"。从专业来看，理工类、经管类、医学类学生较多。从年级分布上，大部分样本为"大二"，比例是40.52%，大一样本的比例是35.60%。女生占比最高，为60.01%。关于父母受教育程度，超过七成样本选择"中学及以下"。

表2-1　高职学生学习力调查样本特征表（*N*=2073）

名称	选项	频数	百分比（%）	累积百分比（%）
生源区域	中部	922	44.48	44.48
	东部	361	17.41	61.89
	西部	306	14.76	76.65
	北部	484	23.35	100.00
入学前身份	普通高中生	1 448	69.85	69.85
	中职毕业生	447	21.56	91.41
	社会人员	178	8.59	100.00

续表

名称	选项	频数	百分比（%）	累积百分比（%）
专业	理工类	530	25.57	25.57
	经管类	515	24.84	50.41
	教育类	307	14.81	65.22
	艺术类	269	12.98	78.20
	医学类	452	21.80	100.00
年级	大一	738	35.60	35.60
	大二	840	40.52	76.12
	大三	495	23.88	100.00
性别	男	829	39.99	39.99
	女	1 244	60.01	100.00
父母受教育程度	中学及以下	1 571	75.78	75.78
	大专	353	17.03	92.81
	本科及以上	1 49	7.19	100.00
合计		2 073	100.0	100.00

量表依据英国ELLI（Effective Lifelong Learning Inventory）项目的学习力评估方式、白娟（2018年）的高职学生学习力评价体系和王冠楠（2016年）的高中生学习力评价指标等相关文献资料编制而成。问卷包括四个因素：学习动力、学习能力、学习毅力、学习转化力。计分方式采用Likenr五点量表，量表的选项由"完全不同意"到"完全同意"，计分方式是依序给予1、2、3、4、5分。得分高者，表示其学习力较高。初始量表在通过专家内容效度检验后，研究组结合研究设计和专家意见对初始问卷进行了调整，编制形成预调研问卷。通过小范围预调研，所得数据经由项目分析、信度分析、因子分析之后，确定量表可靠性良好，才进行正式调查研究。

正式量表共分为学习动力、学习能力、学习毅力、学习转化力四个维度共27题，量表数据的描述性分析如下表2-2所示。

表2-2　高职学生学习力的现状分析表（*N*=2073）

	题项	平均值	标准差	偏度	峰度	分层面平均值	分层面标准差	分层面单题平均值
学习动力	D1	3.959	1.005	−0.611	−0.487	19.751	4.362	3.950
	D2	3.986	1.001	−0.632	−0.510			
	D3	3.917	0.973	−0.567	−0.419			
	D4	4.032	1.137	−0.788	−0.659			
	D5	3.857	0.952	−0.522	−0.319			
学习能力	D6	3.871	0.948	−0.295	−0.780	38.521	8.185	3.852
	D7	3.805	0.956	−0.338	−0.542			
	D8	3.820	0.965	−0.336	−0.587			
	D9	3.845	0.955	−0.362	−0.543			
	D10	3.813	0.939	−0.289	−0.585			
	D11	3.971	1.032	−0.464	−0.909			
	D12	3.895	0.989	−0.358	−0.850			
	D13	3.912	1.073	−0.565	−0.709			
	D14	3.805	0.951	−0.300	−0.597			
	D15	3.787	0.934	−0.294	−0.556			
学习毅力	D16	3.746	0.954	−0.289	−0.504	26.585	5.795	3.798
	D17	3.781	0.979	−0.288	−0.628			
	D18	3.820	0.984	−0.285	−0.831			
	D19	3.826	1.032	−0.501	−0.593			
	D20	3.819	0.985	−0.344	−0.624			
	D21	3.819	0.966	−0.345	−0.591			
	D22	3.775	0.974	−0.281	−0.677			
学习转化力	D23	3.849	1.014	−0.362	−0.807	19.158	4.374	3.832
	D24	3.762	0.951	−0.373	−0.391			
	D25	3.820	0.993	−0.359	−0.699			
	D26	3.864	1.114	−0.568	−0.760			
	D27	3.959	1.005	−0.611	−0.487			

从以上两表可知，2 073个样本的单题平均分数为3.852，低于中间数。在学习动力分层面上，整体平均值3.950；在学习能力分层面上，整体平均值3.852；在学习毅力分层面上，整体平均值3.789；在学习转化力分层面上，整体平均值3.832；从集中趋势上看，以学习能力的得分最高（$M=38.521$），其次为学习毅力（$M=26.585$）、学习动力（$M=19.751$）、学习转化力（$M=19.158$）。从离散趋势来看，学习能力的离散程度最大（SD=8.185），其次为学习毅力（SD=5.795）、学习转化力（SD=4.374）、学习动力（SD=4.362）。

二、访谈数据结果

当然，量化数据只能大致展现高职学生的学习力概况，它能说明的更多的是高职学生学习力在数据上呈现的规律以及大部分人的选择喜好，却难以探寻个体差异。因此，还必须结合质性方法真切地洞察学习力利益相关群体的精神世界。

作为质性研究方法中的一种，访谈法常以研究者本人作为研究工具，通过与研究对象的互动来深化对于事物的体验，在此基础上对事物的"质"形成一个较为全面的理解。因此，研究组选择用访谈法作为高职学生学习力量化调研的补充。

在访谈对象的选择上，受条件限制，无法对调查对象逐个进行研究，因此只能选择其中的一部分进行研究。同时由于访谈研究需要详细、深入的访谈资料，讲究访谈的质量而非数量的多寡，故采用灵活机动的非随机抽样。根据罗索夫斯基（1996年）的观点，教师、行政主管和学生是高校最重要的群体，此外，还有家长、用人单位等。因此，非随机抽样出来的访谈对象要尽可能全面地涵盖不同类型。最终，高职学生访谈对象来自问卷调查群体中的10名学生，另外选取了高职教师2名、管理人员2名、用人单位管理者2名作为访谈对象，总共16人。受访者基本资料和访谈时间如下表2-3。

表2-3 深度访谈编码表

受访者类型	序号	区域	入学前身份	年级	性别	专业	资料编码
S学生	1	东部	高中生	大二	男	机电一体化	1~48
	2	中部	中职生	大一	女	会计	49~94
	3	中部	高中生	大二	女	大数据	95~148
	4	东部	高中生	大二	男	电子信息	149~200
	5	西部	高中生	大二	女	学前教育	201~246
	6	北部	高中生	大一	女	服装设计	247~296
	7	中部	高中生	大二	女	工商管理	297~347
	8	西部	中职生	大二	女	药学	348~396
	9	中部	社会人员	大三	男	环境艺术	397~437
	10	北部	社会人员	大三	男	汽运	438~481
T教师	1	中部	无	42	女	讲师	482~518
	2	西部	副院长	40	男	教授	519~547
A学校管理者	1	北部	党委委员	42	女	副教授	548~575
	2	中部	党委委员、副校长	54	男	教授	576~605
E用人单位	1	电梯		34	男	副总经理、工程总监	606~639
	2	交通		37	男	总经理助理	640~670

访谈结果显示，高职学生在学习动力、学习能力、学习毅力、学习转化力上呈现出鲜明特点。

（一）学习动力

学习动力是学习者参与活动和使学习持续进行的驱动因素，体现在学生的学习信念、学习态度、学习兴趣等方面，甚至与学习观中的学习目的观有一定程度上的相通。但学习目的可以成为学习动力，也可以是学习阻力；学习动力则不只包括学习目的。访谈结果基本与量化调研结果相符，高职学生确实体现出较好的学习动力，但动力源过于依赖兴趣：

如果没有兴趣，可能就算逼自己去学习，效果也不会很好，要看个人的造化。兴趣是学习中最重要的，没有兴趣的话，应该学不下去。（S2-60）

首先我感觉是有兴趣，才有一定的目标，要不然学不下去。要想一下以后要做什么，才能朝着目标加油。（S8-362）

对此，有位学校管理者的观点直指问题所在：

你对兴趣的认知是什么？这个是很关键的问题。同学们对兴趣的认知未必是全面的。兴趣一种是好就业、一种是感兴趣、一种是大家都去，来自从众。兴趣是有一个激发过程的，一定是有一定的时间段形成的。比如说有几个学生原来对自己的学前专业不感兴趣，但是通过暑期实习，又突然有了不同体会，通过自己实践摸索出来的，于是就有兴趣了，学习力就提升了。（A1-561）

社会认可度不高也可能给高职学习者带来学习阻力（对学习动力产生负面影响）：

我们在学习上的成就感很少，家长和老师对我们的学习认可度不高，他们认为我们只有在学校的学习才是学习，做其他的事情都是影响学习。这可能就让我们对学习更加不喜欢，没什么心思去主动学习。（A1-34）

可喜的是，还是有受访者不单纯以"兴趣"支配学习动力，也能以积极态度面对学习动力上的困难：

虽然对本专业兴趣不算很大，但是学习上没有问题，没有影响学习动力。因为我觉得面对一个不太喜欢的东西也有勇气，那么去面对自己喜欢的就会更有动力。我觉得这是对自己能力的一种考验和肯定。（S4-15）

总体来看，受访的高职学生中有一部分同学将学习动力大部分归结于"兴趣"因素，忽视或轻视其他因素带来学习动力的可能；还有一些同学由于一直以来很少获得学习上的成就感和认同感，对学习产生抗拒，消磨了学习动力。受访的十名学生中仅有一名能看到"兴趣"之外的学习动力，具备积极的学习态度。

（二）学习能力

访谈结果显示，高职学生的学习能力受到教学者和用人单位的认可。这个结果是对量化调研结果的有益补充，某种程度上也在冲击着"高职生学习能力不如本科生"这样的刻板印象。

"我发现某些学生学习能力和本科生不相上下。"（T1-496）

"大部分高职毕业的学生还是学得比较好，成长得比较好。整体的话，跟本科生相比区别不大。高职生更容易接受最基层的岗位，能熬的时间比较长，基础奠定比较厚，如果有人培养一下，他们很容易成为管理层。他们解决问题的能力还是比较强的。"（E1-612）

（三）学习毅力

从量化调研结果发现，在高职学生的学习力中，学习毅力最薄弱。学习毅力作为学习者顺利进行学习活动、持续开展学习活动和克服学习障碍的保障因素，主要体现在学生进取意志、自控自觉、坚持性等方面。访谈结果与量化结果是呼应的，高职学生的学习毅力情况并不乐观：

要花很长时间去实现学习目标，复习时间会很长。我自己就是复习一会儿玩一会儿，复习半小时，玩朋友圈、上网、聊天、抖音、看剧比较久。（S7-326）

学习是一个要坚持的过程，但有时候有点儿烦闷，感觉到枯燥无味的时候，就会走神或者玩手机。（S8-372）

有时候想要专心学习还是有一定的难度的，时常会有精力不足的感觉。（S9-406）

学习毅力可以体现在对学习计划的制定和执行、对学习过程的精神专注和情绪稳定、对学习困难的克服和消解、主动学习等，一般分为目标导向、抗逆性和自我控制。具有明确的学习目标，不一定能够推导出学生具有抗逆性和自我控制，但如果学习者具有较强的抗逆性和自我控制，一定源于其具有坚定的学习目标。因此，学习者对人才培养目标的认同度高低，直接影响其学习毅力水平。

高职学生匮乏学习毅力，一是源于目标导向不足："如果真的有目的，

就会克服。"（S5-212）"学习毅力低和学习目标是有关系的。"（A2-590）

二是抗逆性不足："以前互联网没有普及，学生的对比没有那么大，参照物没有那么多，信息孤岛比较多。相对来说，他们的学习心态比较稳定，会呈现学习努力趋势和单样化。但现在的学生容易给自己SAY NO，他们在互联网看到比较多，容易比较后信心不足，学习对他们来说是一件失败感比较明显的事情，导致他们不愿意面对。"（T1-496）

三是自我控制度不足："之所以会区分本科和高职，很多时候学生的学习能力没有太大差别，但是心态不一样，久而久之，形成习惯与意识，凝结成为一种性格。有的学生就养成了'把寂寞坐断'的毅力，有的就没有。特别在高职阶段这种定型期，很难一时半会儿改变，因为他们的学习习惯从高中阶段一直延续下来，影响了高职阶段的学习。"（A1-561）

四是缺乏持续的正向反馈这也是一个关键要素："如果有持续的正面反馈，会比较容易持续学习。我们很多学生，缺乏细腻的、系统的、科学的学习反馈系统，难以形成正向的支持系统，导致学习毅力不高。同时这个反馈不要太延迟，比如现在的反馈太延迟了，一个作业分数、考试结果要好久才出来，反馈质量有点儿粗糙。"（T1-498）

（四）学习转化力

从访谈结果来看，高职学生的实践性是受到认可的。一位用人单位管理者认为评价高职学生要从实际出发，不应过于囿于社会标签：

高职学生学习上还是蛮强的，主要是肯动手、肯实操。可能会花的时间多，但会很踏实，比较稳定。他们心理承受能力也蛮强的。如果他们能有机会，或者说有人去培养，高职学生的发展还是会很好的。（E1-617）

"高职学生很愿意尝试新东西，实践能力特别可以。"（S2-72）

三、整体判断

结合量化和质性数据的结果，高职学生学习力的整体面貌存在一定提升空间，但也并不像传统认知那般负面，如下表所示，其中更有一些特点值得关注。

表2-4 高职学生学习力题项及分值表

维度	具体问题	平均值	分层面单题平均值
学习动力	明确学习对自己发展的意义	3.959	3.950
	不想在学习上比其他同学差	3.986	
	对老师提出的问题，会积极思考	3.917	
	认为学习是人生中很重要的事情之一	4.032	
	在学习过程中经常感受到快乐	3.857	
学习能力	善于捕捉新信息	3.871	3.852
	能快速准确记住和理解知识点	3.805	
	具有准确概括和归纳知识的能力	3.820	
	能根据学习对象选用适当的学习策略	3.845	
	能对权威的论点进行论证和反思	3.813	
	乐于倾听不同见解，善于表达自己主张	3.971	
	善于选择和获取有用的学习资源	3.895	
	能从老师和同学间获得有效帮助	3.912	
	能合理安排学习时间	3.805	
	对于知识点的实际操作总能很快上手	3.787	
学习毅力	能制定周密的学习计划并自觉执行	3.746	3.798
	学习中能够保持专注	3.781	
	学习中能保持积极稳定的情绪	3.820	
	不畏惧学习上的困难	3.826	
	遭遇失败不会气馁	3.819	
	同时发生事情时，尽可能把完成学习任务放在首位	3.819	
	即使无人监管，也会主动学习	3.775	

续表

维度	具体问题	平均值	分层面单题平均值
学习转化力	能运用所学知识解决实际问题	3.849	3.832
	愿意参加各类校内外实践活动	3.762	
	掌握知识常能举一反三	3.820	
	运用所学内容能取得良好的实践效果	3.864	
	确定想法后能尽快操作执行	3.959	

从上表数据看，高职学生学习力整体分值可以达到中等偏上，且学习动力较好，是学习力各维度中分值最高，这说明高职学生并非真是"躺平"一族。大部分学生对学习具有追求，且高度认同"学习是人生中很重要的事情"这一观点。他们的学习能力及转化力适中，在"倾听不同见解，表达自己主张""从老师和同学间获得有效帮助"和"确定想法后能尽快操作执行"这几项表现优异，说明高职学生的思维并不固化，同时具有一定的交流和执行能力。访谈环节中更是无论是学习者、教师或者用人单位，均对高职学生在实操能力方面给予高度认可。这些都说明，高职学生具有自身显著的学习力优势。

但为何高职学生在教育教学现实中的表现却总是差强人意呢？从调查结果看，或许与学习毅力薄弱及学习体验不佳有关。尽管高职学生学习动力分值最高，但其中在"学习过程中常感到快乐"这一题得分较低，这说明高职学习者在学习上的"甜头"尝得不够。同时，指向学习中的情绪管控和处理、习惯养成和控制的"学习毅力"板块整体分值最低，说明高职学生在学习毅力方面过于薄弱。与更强调内隐特质的学习动力、能力不同，学习毅力在实际学习活动中更多体现为学习的外显表现，也关系着学习者学习力的持续生成。因此，高职学生既难以体现出良好的学习表现，也难以证明其学习力的优势。而学习中愉快体验的相对匮乏，也将抑制学习动力而成为学习力提升的障碍。高职学生学习力的驱动（学习动力）因素和保障因素（学习毅力）都存在较大挑战。

　　在本应成为高职学习者优势的学习转化力维度中，也有一些情况需要琢磨。尽管受访者对高职学生实操水平予以高看，但在量化调研中，学习转化力分值并不高，特别是"掌握知识通常能举一反三"的单题分数最低。这很可能说明目前高职学生的学习转化力水平仍普遍停留在"会做"的技能层次，在知识延展运用方面的能力还需要进一步提升。高职学生亟待进行"会做"—"做好"—"知道怎么做好"的升维培养。

第三章　高职学生学习力差异分析

在文献梳理过程中，研究组发现对高职学生学习共性特点的研究较多，且结论具有普遍性和代表性，但对个体差异的分析较少。国内学者史秋衡等曾做过"国家大学生学情调查"（NCSS），其中以大学生的生源地、性别、年级、专业、身份、父母受教育程度等因素进行区分，剖析了国内大学生学情差异。高职学生作为高等教育学习者，属于职业教育类型专科层次学生，同样属于大学生范畴，但同时又与普通高等教育学习者有所不同，他们是否与NCSS调查所得的学情结果一样呢？基于这个问题，研究组将NCSS中学情的背景变项纳入本研究中，用以探讨高职学生在学习力上的差异情形。因此，本书从生源区域、入学前身份、专业、年级、性别、父母受教育程度等6个背景变项入手，分析高职学生学习力的差异情形。

第一节　不同变项的高职学生学习力差异

一、不同区域的高职学生学习力差异分析

研究组基于行政区域划分，将调研省域划分为中部、东部、西部、北部四个区域，通过方差分析探索来自四个区域的高职学生在学习力上是否有显著差异。

表3-1 不同区域的高职学生学习力差异表

	生源区域（平均值±标准差）				F	p
	中部 （$n=922$）	东部 （$n=361$）	西部 （$n=306$）	北部 （$n=484$）		
学习动力	4.07±0.83	4.19±0.84	3.62±0.86	3.75±0.88	40.246	0.000***
学习能力	3.99±0.82	4.20±0.81	3.48±0.65	3.57±0.74	78.148	0.000***
学习毅力	3.88±0.82	4.22±0.82	3.49±0.78	3.50±0.70	77.142	0.000***
学习转化力	3.94±0.87	4.10±0.86	3.57±0.83	3.58±0.83	40.354	0.000***
学习力	3.97±0.63	4.19±0.71	3.53±0.56	3.59±0.57	102.040	0.000***
*$p<0.05$ **$p<0.01$***$p<0.001$						

从上表可知，不同区域样本对于学习力整体及各分层面均呈现出显著性（$p<0.05$），意味学习力有显著差异，需要进行事后检验分析，结果如表3-2所示。

表3-2 不同区域的高职学生学习力事后多重比较结果

	（I）名称	（J）名称	（I）平均值	（J）平均值	差值（$I-J$）	p
学习动力	中部	东部	4.072	4.190	−0.118	0.025*
	中部	西部	4.072	3.625	0.447	0.000***
	中部	北部	4.072	3.746	0.326	0.000***
	东部	西部	4.190	3.625	0.565	0.000***
	东部	北部	4.190	3.746	0.444	0.000***
	西部	北部	3.625	3.746	−0.121	0.051
学习能力	中部	东部	3.985	4.203	−0.218	0.000***
	中部	西部	3.985	3.477	0.508	0.000***
	中部	北部	3.985	3.574	0.411	0.000***
	东部	西部	4.203	3.477	0.726	0.000***
	东部	北部	4.203	3.574	0.629	0.000***
	西部	北部	3.477	3.574	−0.097	0.088

续表

	(I)名称	(J)名称	(I)平均值	(J)平均值	差值(I−J)	p
学习毅力	中部	东部	3.885	4.225	−0.340	0.000***
	中部	西部	3.885	3.495	0.390	0.000***
	中部	北部	3.885	3.504	0.381	0.000***
	东部	西部	4.225	3.495	0.730	0.000***
	东部	北部	4.225	3.504	0.721	0.000***
	西部	北部	3.495	3.504	−0.009	0.874
学习转化力	中部	东部	3.945	4.096	−0.152	0.004**
	中部	西部	3.945	3.571	0.373	0.000***
	中部	北部	3.945	3.583	0.361	0.000***
	东部	西部	4.096	3.571	0.525	0.000***
	东部	北部	4.096	3.583	0.513	0.000***
	西部	北部	3.571	3.583	−0.012	0.844
学习力	中部	东部	3.968	4.186	−0.219	0.000***
	中部	西部	3.968	3.526	0.441	0.000***
	中部	北部	3.968	3.590	0.378	0.000***
	东部	西部	4.186	3.526	0.660	0.000***
	东部	北部	4.186	3.590	0.597	0.000***
	西部	北部	3.526	3.590	−0.063	0.165

* $p < 0.05$ ** $p < 0.01$ *** $p < 0.001$

通过最小显著差异法（LSD）的多重比较可以发现，不同区域样本对于学习动力呈现出0.001水平显著性（$F=40.246$，$p=0.000$），对比结果为"东部＞中部；中部＞西部；中部＞北部；东部＞西部；东部＞北部"。对于学习能力呈现出0.001水平显著性（$F=78.148$，$p=0.000$），对比结果为"东部＞中部；中部＞西部；中部＞北部；东部＞西部；东部＞北部"。对于学习毅力呈现出0.001水平显著性（$F=77.142$，$p=0.000$），对比结果为"东部＞中部；中部＞西部；中部＞北部；东部＞西部；东部＞北部"。对于学习转化力呈现出0.001水平显著性（$F=40.354$，$p=0.000$），对比结果为"东部＞中部；中部＞西部；中部＞北部；东部＞西部；东部＞北部"。对于学习力整体呈现出0.001水平显著性（$F=102.040$，$p=0.000$），对比结果为"东部＞中部；中部＞西部；中部＞北部；东部＞西部；东部＞北部"。

总体而言，东部区域学习力平均值最高，事后检验结果为：东部＞中部；中部＞西部；中部＞北部；东部＞西部；东部＞北部。这说明东部高职学生整体学习力水平较高。而中部地区作为G省经济最发达区域，高职学生的学习力并没有相应的排序，值得深入探究。

二、不同入学前身份的高职学生学习力差异分析

目前，高职学生成分构成主要为普通高中毕业生、中职毕业生，以及高职扩招之后纳入全日制身份的社会人员。本书通过方差分析探索三种身份的高职学生在学习力上是否有显著差异。

表3-3　不同入学前身份的高职学生学习力差异表

	入学前身份（平均值±标准差）			F	p
	普通高中生（$n=1448$）	中职毕业生（$n=447$）	社会人员（$n=178$）		
学习动力	3.82 ± 0.88	4.21 ± 0.79	4.38 ± 0.73	61.047	0.000***
学习能力	3.68 ± 0.77	4.21 ± 0.79	4.38 ± 0.75	128.395	0.000***
学习毅力	3.63 ± 0.77	4.13 ± 0.83	4.35 ± 0.75	119.597	0.000***
学习转化力	3.69 ± 0.85	4.12 ± 0.84	4.27 ± 0.81	70.681	0.000***
学习力	3.69 ± 0.60	4.17 ± 0.66	4.35 ± 0.67	167.477	0.000***
* $p<0.05$ ** $p<0.01$*** $p<0.001$					

从上表可知，不同入学前身份样本对于学习力整体及各分层面均呈现出显著性（$p<0.05$），意味学习力上存在显著差异性，需要进行事后检验分

析。结果如表3-4所示：

表3-4　不同入学前身份的高职学生学习力事后多重比较结果

	(I)名称	(J)名称	(I)平均值	(J)平均值	差值(I−J)	p
学习动力	普通高中生	中职毕业生	3.818	4.210	−0.393	0.000***
	普通高中生	社会人员	3.818	4.375	−0.558	0.000***
	中职毕业生	社会人员	4.210	4.375	−0.165	0.028*
学习能力	普通高中生	中职毕业生	3.676	4.213	−0.537	0.000***
	普通高中生	社会人员	3.676	4.382	−0.706	0.000***
	中职毕业生	社会人员	4.213	4.382	−0.169	0.013*
学习毅力	普通高中生	中职毕业生	3.626	4.132	−0.505	0.000***
	普通高中生	社会人员	3.626	4.351	−0.725	0.000***
	中职毕业生	社会人员	4.132	4.351	−0.220	0.002**
学习转化力	普通高中生	中职毕业生	3.688	4.121	−0.433	0.000***
	普通高中生	社会人员	3.688	4.270	−0.581	0.000***
	中职毕业生	社会人员	4.121	4.270	−0.148	0.048*
学习力	普通高中生	中职毕业生	3.692	4.174	−0.483	0.000***
	普通高中生	社会人员	3.692	4.352	−0.660	0.000***
	中职毕业生	社会人员	4.174	4.352	−0.177	0.001**
* $p<0.05$ ** $p<0.01$*** $p<0.001$						

通过采用最小显著差异法（LSD）的多重比较可以发现，不同入学前身份对于学习动力呈现出0.001水平显著性（$F=61.047$，$p=0.000$），对比结果为"中职毕业生＞普通高中生；社会人员＞普通高中生；社会人员＞中职毕业生"。对于学习能力呈现出0.001水平显著性（$F=128.395$，$p=0.000$），对比结果为"中职毕业生＞普通高中生；社会人员＞普通高中生；社会人员＞中职毕业生"。对于学习毅力呈现出0.001水平显著性（$F=119.597$，$p=0.000$），对比结果为"中职毕业生＞普通高中生；社会人员＞普通高

中生；社会人员＞中职毕业生"。对于学习转化力呈现出0.001水平显著性
（$F=70.681$，$p=0.000$），对比结果为"中职毕业生＞普通高中生；社会人员＞
普通高中生；社会人员＞中职毕业生"。对于学习力整体呈现出0.001水平显
著性（$F=167.477$，$p=0.000$），对比结果为"中职毕业生＞普通高中生；社
会人员＞普通高中生；社会人员＞中职毕业生"。

总体而言，从平均值来看，社会人员平均值最高，随后是中职毕业生、
高中毕业生，事后检验结果为：中职毕业生＞普通高中生；社会人员＞普通
高中生；社会人员＞中职毕业生。可见社会人员的学习力水平较高，高中毕
业生反而最弱。

三、不同专业的高职学生学习力差异分析

根据《职业教育专业目录》（2021年）对各专业类别的划分标准及
所收集样本的实际情况，本研究将专业划分为理工类、人文类、艺术类和
医学类和教育类五种，通过方差分析探索不同专业的高职学生在学习力上
是否有显著差异。经检验样本符合方差齐性和正态分布后，利用方差分析
（ANOVA）发现，不同专业样本对于学习力整体及各分层面都不会表现出
显著性（$p>0.05$），意味在学习力上并没有差异性，不需要再进行事后检验
分析。结果如表3-5所示。

表3-5　不同专业的高职学生学习力差异表

	专业（平均值±标准差）					F	p
	理工类 （$n=530$）	经管类 （$n=515$）	教育类 （$n=307$）	艺术类 （$n=269$）	医学类 （$n=452$）		
学习动力	3.93±0.89	3.97±0.84	3.92±0.86	3.95±0.94	3.97±0.85	0.272	0.896
学习能力	3.83±0.81	3.88±0.83	3.85±0.82	3.85±0.84	3.85±0.81	0.272	0.896
学习毅力	3.81±0.84	3.79±0.81	3.81±0.83	3.82±0.89	3.78±0.79	0.132	0.971
学习转化力	3.81±0.89	3.82±0.87	3.84±0.84	3.86±0.92	3.84±0.85	0.155	0.961
学习力	3.84±0.68	3.86±0.66	3.85±0.66	3.86±0.73	3.85±0.62	0.113	0.978
* $p<0.05$ ** $p<0.01$*** $p<0.001$							

三、不同年级的高职学生学习力差异分析

表3-6 不同年级的高职学生学习力差异表

	年级（平均值±标准差）			F	p
	大一（n=738）	大二（n=840）	大三（n=495）		
学习动力	4.10±0.83	3.70±0.87	4.15±0.84	60.099	0.000***
学习能力	3.98±0.80	3.54±0.71	4.18±0.83	123.620	0.000***
学习毅力	3.88±0.81	3.54±0.74	4.11±0.85	87.546	0.000***
学习转化力	4.01±0.84	3.54±0.82	4.07±0.88	85.695	0.000***
学习力	3.98±0.60	3.57±0.57	4.14±0.73	154.183	0.000***

*p<0.05 **p<0.01*** p<0.001

从上表可知，利用方差分析（ANOVA）发现，不同年级样本对于学习力整体及各分层面均呈现出显著性（p<0.05），意味在学习力存在显著差异性，需要进行事后检验分析。结果如表3-7所示：

表3-7 不同年级的高职学生学习力事后多重比较结果

	（I）名称	（J）名称	（I）平均值	（J）平均值	差值（I-J）	p
学习动力	大一	大二	4.097	3.704	0.393	0.000***
	大一	大三	4.097	4.149	−0.052	0.293
	大二	大三	3.704	4.149	−0.445	0.000***
学习能力	大一	大二	3.984	3.541	0.442	0.000***
	大一	大三	3.984	4.183	−0.199	0.000***
	大二	大三	3.541	4.183	−0.642	0.000***
学习毅力	大一	大二	3.883	3.538	0.345	0.000***
	大一	大三	3.883	4.111	−0.229	0.000***
	大二	大三	3.538	4.111	−0.573	0.000***

续表

	（I）名称	（J）名称	（I）平均值	（J）平均值	差值（I-J）	p
学习转化力	大一	大二	4.006	3.540	0.466	0.000***
	大一	大三	4.006	4.067	−0.061	0.209
	大二	大三	3.540	4.067	−0.527	0.000***
学习力	大一	大二	3.983	3.570	0.412	0.000***
	大一	大三	3.983	4.136	−0.154	0.000***
	大二	大三	3.570	4.136	−0.566	0.000***
* $p<0.05$ ** $p<0.01$*** $p<0.001$						

通过采用最小显著差异法（LSD）的多重比较可以发现，不同年级样本对于学习动力呈现出0.001水平显著性（$F=60.099$，$p=0.000$），对比结果为"大一＞大二；大三＞大二"。对于学习能力呈现出0.001水平显著性（$F=123.620$，$p=0.000$），对比结果为"大一＞大二；大三＞大一；大三＞大二"。对于学习毅力呈现出0.001水平显著性（$F=87.546$，$p=0.000$），对比结果为"大一＞大二；大三＞大一；大三＞大二"。对于学习转化力呈现出0.001水平显著性（$F=85.695$，$p=0.000$），对比结果为"大一＞大二；大三＞大二"。对于学习力整体呈现出0.001水平显著性（$F=154.183$，$p=0.000$），对比结果为"大一＞大二；大三＞大一；大三＞大二"。

总体而言，以年级为标准，高职学生的学习力存在显著差异。大三学生的学习力均值普遍较高。事后检验结果为：大一＞大二；大三＞大一；大三＞大二。这说明大三学生的学习力水平较高。

五、不同性别的高职学生学习力差异分析

本书通过独立样本T检验探索不同性别的高职学生在学习力上是否有显著差异，结果如表3-8所示。

表3-8　不同性别的高职学生学习力差异表

	性别（平均值±标准差）		t	p
	男（n=829）	女（n=1244）		
学习动力	3.92 ± 0.89	3.97 ± 0.86	−1.465	0.143
学习能力	3.83 ± 0.83	3.87 ± 0.81	−1.010	0.313
学习毅力	3.78 ± 0.84	3.81 ± 0.82	−0.661	0.508
学习转化力	3.80 ± 0.90	3.85 ± 0.86	−1.201	0.230
学习力	3.83 ± 0.69	3.87 ± 0.65	−1.316	0.188
* p<0.05 ** p<0.01*** p<0.001				

从上表可知，不同性别样本对于学习力整体及各维度均没有呈现出显著性（$p>0.05$），即男女生在学习力方面没有显著差异。

六、父母受教育程度不同的高职学生学习力差异分析

父母受教育程度不同的高职学生学习力差异如表3-9所示。经检验，样本符合方差齐性和正态分布后，通过方差分析可知父母受教育程度不同的高职学生在学习力整体及各分层面均没有显著差异（$p>0.05$），不需要再进行事后检验分析。尽管如此，从平均值看，父母受教育程度在本科及以上的高职学生学习力平均值并不高，值得关注。

表3-9　父母受教育程度不同高职学生学习力差异表

	父母受教育程度（平均值±标准差）			F	p
	中学及以下（n=1571）	大专（n=353）	本科（n=149）		
学习动力	3.95 ± 0.86	3.93 ± 0.90	3.97 ± 0.92	0.107	0.899
学习能力	3.85 ± 0.81	3.85 ± 0.82	3.85 ± 0.88	0.005	0.995
学习毅力	3.79 ± 0.83	3.81 ± 0.80	3.83 ± 0.87	0.182	0.833
学习转化力	3.82 ± 0.87	3.87 ± 0.89	3.90 ± 0.89	1.045	0.352
学习力	3.85 ± 0.66	3.86 ± 0.68	3.87 ± 0.71	0.126	0.882
* p<0.05 ** p<0.01*** p<0.001					

综上，高职学生在学习力背景变项的差异显著性如表3-10所示。

表3-10　高职学生背景变项差异分析摘要

变量	生源区域	入学前身份	专业类别	年级	性别	父母受教育程度
学习力	$p=0.000***$	$p=0.000***$	$p=0.978$	$p=0.000***$	$p=0.188$	$p=0.882$
* $p<0.05$ ** $p<0.01$ *** $p<0.001$						

量化数据显示，在生源区域、入学前身份、年级等背景变项中，学习力呈现 $p<0.001$ 的显著差异，这说明高职学生学习力将因为以上背景变项的不同而有明显区别。从均值来看，东部区域的高职学生学习力情况高于其他区域高职学生；入学前身份为社会人员的高职学生学习力情况最好；大三学生的学习力情况高于大一、大二学生。但专业类别和父母受教育程度不同的高职学生在学习力上并无显著差异。

第二节　关于差异结果的思考

值得注意的问题是，东部地区作为G省经济最发达区域，高职学生的学习力为何没有相应的排序？同样是该省经济欠发达的东西两翼地区，高职学生学习力为何呈现截然不同的情况？东部学生学习力水平为何最高？西部学生学习力薄弱的原因是什么？具体都有哪些表现？显然，单纯从经济发展的视角分析以上问题是片面的，而数据结果仅说明了事实，无法展现背后所涉及的政治、经济、文化等因素。

另外，高校扩招对教育教学质量有没有影响？作为一项覆盖面广、改革力度大的新政策，这个答案是肯定的，但影响的性质和程度仍未明确。有学者认为"高职扩招后教育质量可能下降""高职院校如何保障质量型扩招是当务之急"[①]。这类观点的主要依据是高职扩招后生源变化带来了教育质量压力，而高职扩招后的生源重要改变就是进一步扩大了对社会人员的招生力度。因此，社会人员在高职生源中的比重增加，被认为是影响高职教育质量

---

① 丁帮俊.百万扩招背景下高职教学实施存在的问题与策略［J］.教育与职业,2021（14）：85-91.

的消极因素。但量化分析结果显示，入学前为社会人员的高职学生学习力最强。学生学习力是教育质量的关键指标，因此社会人员生源的增加，从数据上看并不会对高职教育质量带来负面影响。该如何深入准确解释这一理论假设与现实结果的关系？"入学前为社会人员的高职学生学习力最强"原因是什么？

在接下来的研究中，这些问题都需要继续深入探究。

一、区域差异的分析

（一）区域经济发展的驱动

下表为调研省域近五年GDP情况，各区域GDP发展水平不均衡情况较为明显。中部GDP总量最高，其各市均值甚至几乎是东、西、北部各市GDP均值总和的两倍。一方面，良好的区域经济发展水平是高职学生学习力的重要支持因素。中部高职学生学习力整体均值较高，一定程度上源于该区域经济发展水平较好，有较为充裕的教育财政支持，教育投入力度相应较高。以生均拨款为例，如表3-11所示，区域高职教育财政经费投入存在明显差距，这就为其区域内学习者提供了更好教育环境的可能。

表3-11　近五年各区域GDP情况表　　　　单位：元

区域	2017年	2018年	2019年	2020年	2021年	各市均值
中部	73 691.93	81 047.86	86 899.05	89 523.86	100 579.02	9 604.46
东部	6 211.53	6 695.05	6 957.09	7 053.51	7 728.19	1 733.44
西部	7 825.96	8 300.01	8 529.3	8 742.15	9 912.86	2 159.98
北部	4 767.75	5 025.31	5 283.69	5 441.41	6 143.38	1 331.05

来源：笔者自行整理

表3-12　近5年各地区高职教育生均财政拨款均数　　　　单位：元

区域	2016年	2017年	2018年	2019年	2020年
中部传统发达地区	20 402.48	25 539.88	28 417.22	29 508.15	29 561.74
中部后起发达地区	5 861.11	10 369.85	12 317.87	13 376.07	12 570.71

续表

区域	2016年	2017年	2018年	2019年	2020年
东部	7 692.55	8 900.00	12 982.33	12 198.83	13 684.96
西部	5 311.62	7 167.06	6 333.34	7 120.78	9 129.80
北部	5 770.21	7 599.23	8 458.23	9 438.75	10 355.03

转引: 万伟平, 聂劲松, 樊孝凯. 省域内高等职业教育生均经费基尼系数研究——基于广东省公办高职院校的统计数据[J]. 当代教育论坛, 2021, (05): 116-124.

另一方面, 相对欠发达的区域经济也可能成为高职学生学习力发展的重要推动因素。从量化数据看, 中部区域虽经济最佳, 其高职学生学习力却没有东部区域强, 这与区域的教育负担差异有关。中部区域聚集了该省80%的高等教育机构, 而且该区域的本科院校占全省本科院校数的85%, 相当于另外东部、西部的本科院校只占15%(教育部网站, 2022年)。这就意味着, 中部区域虽然教育投入力度最强, 但其中本科教育负担较重, 可能影响对高职教育投入的力度。访谈结果显示, 在对区域差异问题提供见解的受访者中, 大部分认同量化结果中的"东部学生学习力较强"的结论。

"东部经济不那么好, 所以学生想通过学习获得更好生活的欲望会比较大, 学习动力会比较高。"(S1-46)

"东部学生学习力强些, 毕竟越富裕地区的人选择性越多, 因为他们不一定需要在学习上投入很多, 所以中部学生未必学习力就最好。相对贫穷的地方可能专注在学习上越多。"(T1-500)

这说明, 区域经济弱势反而在一定程度上推动了高职学生学习力发展。

(二)区域地理文化的滋养

调研省域是海上丝绸之路的东端, 既能汲取农耕文明的养分, 也能拥抱海洋的馈赠。省内有三大河流、两大平原, 是天然海洋门户。区域地理文化因素是影响教育活动的客观因素, 对高职学生学习力发展起滋养作用。

首先从地理空间布局看, 中部地区平原广阔, 降水丰沛, 交通便利, 为高职院校的聚集和空间的拓展提供了极大的区位优势, 也吸引了大量企业进驻, 这就为高职学生学习力培养提供了从理论向实践转化的校企合作平台和机会。相比之下，北部地区四周环山，冬冷夏热，交通相对不便，一定程度上成为企业进驻的障碍，学习力培养条件因此相对匮乏。同时，地理空间布局影响了区域地区人口数量，直接影响当地高职院校的生源数量。相对而言，人口密度大的地区的高职预备生源和成才比例会比人口密度小的地区要更具优势。

其次，不同区域的文化风貌对高职学生学习力产生多元熏陶濡染。无论从经济发展还是地理布局来看，东部地区优势并不明显。但量化数据显示，东部地区高职学生学习力水平最高。这一结果与东部地区文化氛围有关。东部地区具有明显的海洋精神特征，重视文化教育、善于经商、开拓性强、有凝聚力、精明能干、刻苦耐劳，与学习力的动力、能力、毅力、转化力各维度需求紧密呼应，因而为学习者营造了天然的学习力发展环境。从访谈结果发现，受访者普遍认可区域文化氛围对高职学生学习力的积极影响：

"东部的文化氛围普遍较敢拼敢闯，踏实肯干，也会影响学生的学习风格。经商的文化范围更支持人们通过学习来解决问题、获得财富。"（T1-500）

"当地人从小就给孩子灌输将来要出人头地的理念，告诉他们将来要衣锦还乡、要孝顺长辈。讲究孝道，首先要有能力孝顺。所以那边学生的学习动力很足。"（A2-592）

（三）区域政策设计的指引

近几年，该区域在政策层面响应国家发展职业教育的要求，制定了各类有关职业教育的政策文件，为高职学生学习力发展打好政策基础。从该省2021年高等职业教育品质年度报告数据来看，近几年通过一系列政策和举措，高职教育取得一定成绩。2020年该省高职毕业生就业率97%，月均收入3 581元，学生获"互联网+"创新创业大赛4金9银，位列全国第一。

但该省相关政策的支持并不均衡。以一流高职院校建设为例，2017年确立的18所一流高职院校，全部产生于中部地区，其相应也获得更多专项政策与资金扶持，由此进入良性发展循环。虽然其他区域教育也受到一定政策关注，如出台《关于推动基础教育深化改革高质量发展的意见》《全口径全方位融入式帮扶东部西部北部地区基础教育高质量发展实施办法》等文件，已经在基础教育领域进行对口帮扶，但几乎没有针对高职教育的政策帮扶。区域教育政策支持不均衡，致使不同区域高职教育难以均衡发展，从而使不同区域高职学生学习力产生差异。

二、身份差异的分析

量化调研发现，高职扩招后大量社会人员进入高职院校，他们的学习力在高职学生中是最高的。这一结果再次验证"学习成绩未必能够完全佐证学习力"的观点，一些学生的学业成绩不高，但是学习力结果比较靠前，这主要是因为学习力评价是从多个方面综合考虑的，学习成绩仅为一个方面。这一结果也对学习力研究提出了更深层的要求，即如何看待学习力水平与现实中学习成绩的不完全对应问题，为未来研究提供了一个方向。

（一）社会磨炼程度不同

"他们接受过社会的毒打，知道自己想要什么。但高中学生、中职学生他们是温室花朵，还很茫然。"（S1-48）

有位教师以自己曾经教过的社会人员身份学生为例，认为他们目标感很高，动机强烈：

他们经历了社会磨炼，目标会更明确，意志也更坚定，正好弥补了高职学生在动力和毅力方面的弱点。他们虽然基础差点儿，但是动机很强。我曾经教过一个女生，是社会人员，她跟我反馈过两句话：一是"我们学校学生怎么那么傻"；二是"从来没有逃过课，非常珍惜"。她认为我们很多学生没有把学习和现实结合在一起，为什么不珍惜现在有的学习机会；她觉得他们不知道自己做的事情意味着什么。但她知道自己做的事情意味着什么，她非常明确。（T1-502）

访谈结果显示，尽管社会人员的学习能力或学习基础相对薄弱，但学习力较强，主要得益于学习动力、学习毅力和学习转化力维度相对较好。他们具有相对丰富的社会经验，能在社会历练中增强目标感，磨炼意志力，并对知识的实践价值高度关注，这些都是导致社会人员学习力强的重要因素。

因而，学习力问题应予以综合考虑，绝不是一个单纯的结果性评价可以代替的。

中职毕业生和高中毕业生的学习力量化结果同样在质性访谈中得到解释：

"中职生学习力也很不错，他们很清楚自己要的是什么，很早有自己的人生规划。"（S5-246）

"高中生上到大学，发现跟自己的高中不太一样，受到了打击。读高中的时候大家都觉得读大学很美好，结果上了大学觉得不美好，学习的模式也不是很适应，梦想和现实有差距。"（S8-395）

"高中虽然得到的学习训练很多，但很少与外界接触。"（E1-639）

这说明受访者并不单纯依赖学习成绩和课堂表现来判断学习力，对于目标感、适应性等更为看重。

（二）学习力侧重不同

高中毕业生仍然有自己的学习优势：

"如果是接受普高教育然后上大学的人，普遍在学习上，学习理解能力会比我中专出来的会要好一些。"（S10-481）

"高考进校的学生，文化课、理论课等明显强于社会人员和中职学生；但社会人员、中职学生在技能课（实训等）学习力方面比高考生强。"（T2-532）

综上可以发现，尽管学界持有"高职扩招后教育质量可能下降"的观点，但在实际教育教学经验中，大多数学习者和教学者认可社会人员的学习力，并且讲述了他们作为教育教学在场者的所见所感，为本书的量化结果提供了来自内部视角的佐证。也有少数受访者通过日常的观察，指出高中毕业生仍然存在一定的学习优势，主要体现在文化理论方面。文化理论的学习优势较容易体现在学习成绩上，在一定程度上解释了学习力水平与现实中学习成绩的不完全对应问题。

第四章　高职学生学习力的影响因素

上文已谈到，学习力的影响因素很多，大致可以划分为个体本身与外部环境两大类。本章首先结合质性访谈内容，对高职学生学习力影响因素进行梳理，进而从量化研究的可行性出发，在影响学习力的先前经验因素与过程行为因素中各选其一——学习观和学习策略作为个体内部因素的代表进行分析，以佐助对学习力的深入探讨。因此，对于高职学生学习力影响因素的量化分析，将集中于学习观与学习策略两方面。

第一节　高职学生学习力影响因素梳理

根据唯物辩证法基本原理，内因和外因是关于事物发展原因和动力的一对基本范畴。影响高职学生学习力的因素也有内外之分。外部影响因素包括生源区域、入学前身份、年级、家庭因素、学校因素和社会因素等。内部因素主要以学习观、学习策略为主，并从访谈中提取出包括天赋、现有知识基础和实践愿望等。

一、外部因素

之前差异分析量化结果说明，生源区域、入学前身份、年级等因素可以成为高职学生学习力的外部影响因素，但对于专业、性别、家庭因素是否具有影响及影响机制如何，在量化分析中难以体现，只能通过访谈进行深挖。访谈中发现，受访者普遍认为家庭因素是影响高职学生学习力的重要外部因素，但更多体现在父母受教育程度之外的因素上；而专业、性别因素的影响则几乎没有被提及。此外，受访者关于外部影响因素的观点还更多地体现在学校和社会两个方面。

（一）家庭因素

虽然受访者普遍认为家庭因素对学习力具有影响，但对于具体如何影响则有两种不同观点。大部分受访者认同家庭因素和学习力之间具有正相关：

假如你出生在一个贫困家庭，父母知识程度不高，叫你赶紧读书出来打工挣钱，那你学习的条件肯定是没有那些父母从小就注意培养你学习的家庭要好。父母从小就培养你学习，让你参加各种兴趣班，你所获取的知识和其他人相比肯定比较多，探讨问题的高度肯定不一样。贫困家庭只会想着让孩子早点儿出来养家，家境好的会让孩子丰富自己的思维。（S6-277）

遗传是一个不可忽略的影响因素，学习能力里面的记忆性和价值观，受父母遗传和父母观念的影响十分大。（E2-653）

一位受访学生认为家庭因素未必与学习力呈正相关，因为：

家庭贫困的学生只能靠学习走出去，所以学习力可能会强一些。（S3-124）

对于量化调研中呈现的"父母受教育程度不同的高职学生学习力情况无显著差异"这一结果，通过访谈发现一些新的解读视角：

父母受教育程度对学习力有没有影响？我觉得对小一点儿的孩子有影响。但对于我们来说，可能现在这个年龄比较叛逆，特别是如果父母受教育程度不高，见识不一定很好，我们也不一定愿意听父母的。相比之下，老师、师兄师姐、同学们说的话可能更听得进去。（S1-32）

我爸妈感觉不太管我们学习，比较放养。没怎么督促，在培养学习习惯方面没有起到很积极作用，只能靠自己。但也不会给我们增加压力。（S7-383）

虽然父母学历本科，在他们那个年代就算很不错了，但不妨碍我读中专，哈哈哈。我觉得对学习力影响比较大的还是自己的自制力吧。（S10-473）

从上述观点可知，家庭因素对高职学生学习力具有影响，可能有正相关性，也可能呈现负相关。针对量化调研结果出现"父母受教育程度不同的高职学生学习力情况无显著差异"这一情况，从访谈可知，父母受教育程度可能并非是影响学习者学习力的关键因素：一是高职学习者已处于树立自己主见的年龄段，不易受父母观点影响；二是从量化数据看，父母受教育程度在中学及以下的达75.78%，大部分父母受教育程度偏低可能影响他们的话语权威，导致学生在学习上更愿意聆听师长和同辈的声音；三是父母受教育程度未必能很好地体现在教育子女方面，对子女存在"放养"情况，家庭教育成效一般。而家庭的氛围、家长的见识、对学习的支持程度、对教育的重视程度、习惯养成、物质条件等因素成为高职学生学习力的关键影响，大部分人认为上述因素与学习者学习力呈现正相关，个别受访者认为可能在学习者内部影响因素作用下呈现负相关的情况，如在同样较贫困的家庭经济状况下，有学生可能因为家庭物质水平匮乏而学习力不佳，也有学生因此产生斗志激发学习力提升。家庭因素最终呈现正向影响还是负向影响要看学习者个体的内部处理。

（二）学校因素

关注学习者成长变化的院校影响理论认为，学习者在大学环境中会发生变化，强调高校要创造环境和条件激励促进学生的学习发展，增强学生的在校体验和社会化互动交往。高职教育组织形式的特性决定了大部分高职学生长期在学校内生活、学习，学校因素必然对学习者的学习力产生影响。其中，学风、教师引导、同伴关系等被受访者较多提及。

学风方面：

这个学校学习氛围不太好，容易被带懒。别人的教室有人自习，但我们学校平时没有人。（S5-212）

客观上，由于目前高职院校的生源和资源都远远比不上普通综合类高校，这种环境也影响了其学习和提高。（E2-653）

教师引导方面：

环境的重要因素是老师。高职学生的学习很大程度是放养状态，老师和学生的接触并不算很多。这个时候就靠老师对你课堂上的方法的教导。如果方法没有学好，靠自己很难学好。比方说解扣子，你如果方法不对，可能使劲用力只会越来越难，但老师指导到位，你就在对的方向上找到解决问题的办法，可以事半功倍。高中老师的教学方法是事无巨细的引导，但高职的老师可能会更多地聚焦于自学方法。学习方法、学习环境都变了。这个是学生进入高职要做出的改变。（A1-558）

同伴关系方面：

可能有些人喜欢一个人学习，有些人喜欢有讨论的学习。我自己喜欢多人一起学，互相促进，可以讨论，而且如果自己学着学着突破知识点了，会教其他同学。这种方式比较有趣。（S2-63）

比如说学普通话，要普通话考试，有个宿舍全部都考过了，我发现他们把30个题目作为卧谈会的题目，大家都一直在卧谈中学习，即使我记不起我的主题，但我可以记得其他同学的内容。这种影响是潜移默化的。（A1-560）

从上述观点可知，学校因素对高职学生学习力具有影响，且主要聚焦于学校的软实力水平，包括校园文化、教学方式、学风教风等。同时，研究发现高职学生对于所在学校对自身学习力水平产生正面影响的信心较低，甚至认为学校因素对高职学生学习力而言可能产生负面影响。如学校学习氛围不强、教师引导作用不到位、同伴对学习的认可度不高等情况的存在，可能抑制高职学生学习力发展。值得注意的是，在教育质量评价指标中占重要位置的硬件水平，并未出现在受访者认为的学习力影响因素范围内。

（三）社会因素

人是社会的人，社会是人们相互交往的产物，两者相互依存、相互制约、相互促进。因此，高职学生的学习力问题，也必然与社会产生联系。本研究将量化指标中的生源区域、入学前身份纳入社会因素一并讨论，上一章已对此进行论证，在此不做赘述。同时，本研究发现社会眼光对学习者学习力也能产生显著影响。传统观念的偏见、与外界进行对比导致的自卑等都可能抑制学习者学习力发展：

现在互联网信息化都很发达，学生可以一下子就捕捉到最新信息，也很

容易知道外界的水平。他们的参照系变高了，他们的设限程度也就高，自我激励程度变低。（T1-496）

多数学生认为进了高职就没有前途了，自暴自弃。（T2-538）

也有受访者看到了社会因素的"两面性"：

身边人觉得自己是高职学生，就会有偏见，觉得我们不如本科生。这种偏见多了，有时候我会怀疑自己，特别是怀疑自己的选择，就没什么信心。当然如果能摆脱出来，以后我们就会更加坚强，心理素质会更好，也很可能会为了打破别人的偏见去拼命努力。（S2-89）

有些企业一定要招本科毕业生，还要求能力要综合，这会倒逼高职学生提升自己的学习力，会更有目标。（S3-126）

社会因素对高职学生学习力有影响，与家庭因素一样，影响的正负相关最终还是取决于学习者个体。

二、内部因素

外因是条件，内因是根据。在本研究中，学习力的内因指学习者主体在学习过程中自主生发的因素，受到一定的外因影响，对学习者学习力起关键作用。根据此前的理论分析和文献梳理，研究组认为学习观、学习策略等是学习者学习力的内部影响因素，此外通过访谈提取出包括天赋、现有知识基础和实践愿望等其他内部影响因素。

（一）学习观是学习力生成的价值起点

价值起点一般指价值上的出发点或基点，它对该理论体系的建立和发展以及整个理论体系的构造均有着价值上的决定作用。因此，在探讨个体的学习观与其学习力关系时，追溯学习力的生成显得十分必要。

学习力如何生成与发展？人类的学习是一种以自我监控为调节、伴随着情感参与的个性化的心智行为，与此同时使学习者的状态产生了一定的变化。这个变化过程中的一切推动因素及因素作用体系，在前文已经将之定义为"学习力"。根据心理学家皮亚杰的观点：一切心智行为都具有结构面和能量面，其中，心智行为的结构面由认知构成。因此，对学习的认知（学习观）是构成学习的重要因素，也是学习力的重要影响因素。而学习观对学习力产生何种重要影响，学者谷力的"自我意识"一说具有一定参考意义。谷力认为，学习力是在学习活动中生成与发展的，而人的自我意识能够使人以主动姿态认识自己和探索世界，规划设计学习活动，并决定学习的意义和价值，决定自我的学习动机，对自我学习进行监控反馈，构筑了学习力的价值和意义层面①。人的自我意识也包括了对自身学习的认识与看法，即学习观。从这个角度而言，学习观决定了学习力的价值和意义层面，是学习力生成的价值起点。

学习观要么就是积极的，要么是消极。积极的学习观，会有推动作用，会让人努力学习。如果是消极的学习观，就会怠慢学习，不知道自己学来干吗。（S3-128）

学习观就像是人的三观一样吧，观念也分好与坏。积极向上的自然可以推动学习，消极的自然会厌恶学习，甚至会相信所谓的"学习无用论"。（S9-431）

访谈中发现，受访者高度认同学习观的价值引导作用。

"你去学一个你不擅长的东西，你会觉得好难还是要克服它？积极的学习观，是正确学习行动的前提，只有具备了，才能拥有信心。消极的会抑制学习力的发挥。"（S4-185）

"学习观直接决定学习动力。"（T2-540）

（二）学习策略与学习力形成互动彰显

学习策略与学习力的关系十分密切，学习策略是对学习行动中各种方法的排兵布阵，受访者普遍认可学习策略必然对学习力产生影响。

"如果有学习策略这样的东西，那就是介于学习战略（宏观）和学习方法（微观）之间的中观概念，本质是对学习方向的把握。如果能把握正确的学习方向，必然也会提升学习力。"（T2-542）

"学生要有学习力，必须得有学习的正确方法，还要会运用。"

---

① 谷力.学习力——个体与环境相互作用的产物［J］.上海教育科研,2009（07）：66-67.

（A1-558）

从访谈中发现，高职学生在学习策略方面略有欠缺，大部分学生对学习策略持茫然态度，或即便有所了解也难有实际行动将之从设想变为现实，只有少数学生能够清楚明晰自己学习活动中是否使用了策略、使用了哪些策略、策略使用的效果如何。对于长期并非是学业成功者的高职学习者而言，对学习策略的感知和使用并不乐观。

"学习的策略是影响学习力的一个重要因素，学习策略得当，往往事半功倍，学习方式方法不恰当，会影响学习的效率。效率不行，产生的学习成果就不行，然后又会反作用于自己的学习主观能动性上。"（E2-657）

（三）个体基础和主观愿望

个体基础包括学习者的多元智能和知识积累，主观愿望主要呈现于学习者的学习动机、实践愿望等方面，在一定程度上，前者影响了学习者的学习广度，后者影响着学习者的学习深度。对于学习力这种动态能力系统而言，个体基础和主观愿望的水平及程度将通过影响个体学习广度和深度影响整个能力系统的运作效果。这是除了学习观、学习策略，不可忽视的学习力的重要内部影响因素。

会受到学习经验的影响。大学生在过去长期的学习经验中形成了自己的一套比较合适的方法，但高职学生的学习经验可能还不太到位，可能也会影响到学习力。（S2-78）

关键要看自己。自己的基础是否薄弱，自己是否有兴趣，自己的学习习惯是否合适，还有自己的动手能力。（S3-126）

很多人说学习是需要天赋的，我认为有道理，比如学语言需要语感。（T1-559）

主客观因素都有。主观上，主要是在上述筛选的这个过程中，进入高职院校的孩子普遍是综合素质、学习方法和认知手段一般的孩子，因此其学习的意愿、技巧和能力均影响了他的学习力。（E2-653）

第二节　高职学生学习观、学习策略、学习力的相关分析

　　研究组选取了学习观和学习策略作为影响学习力的个体内部因素代表进行分析。通过回顾国内外学者对学习观的内涵和构成的相关文献，对学习观进行多个视角的分析，结合学习观六水平论和刘儒德的学习观综合结构模型，参考了陈胜对高职学生学习观的调查研究，研究组认为高职学生学习观除了应有学习观整体研究理论中的"学习实质观、学习过程观、学习条件观"几个维度，面向"为什么学习"以及高职学生功利性较强的学习特点，提出"学习目的观"。四个维度分别对应着高职学生对学习实质、学习过程、学习条件和学习目的的认识和理解。因此，研究者将以学习实质观、学习过程观、学习条件观、学习目的观四个维度作为下一步验证分析的参考。

　　同样，对学习策略的维度分析也参考了国内学者胡斌武提出的操作性方式和操作性控制方式的说法，结合高职学生的学习特点，总结出高职学生学习策略的研究维度，应是涉及"以什么方式"去认知的操作性层面，包括记忆策略、认知策略；对操作性活动进行监督、调节和控制的操作性控制层面，包括元认知策略、情感策略。

　　如何验证学习观、学习策略、学习力三者之间是否存在正相关呢？本研究以皮尔逊相关分析进行检验，当相关系数值为正，则两个变量间为显著正相关，如相关系数为负，表示二者为负相关。p 值则表示两个变量之间的相关显著程度，如 $p < 0.05$，说明两者之间呈现显著相关，反之则未达显著。根据相关系数的具体值，通常分为低相关（$P < 0.20$），低至中度相关（$0.20 \leqslant p \leqslant 0.40$），中度相关（$0.40 \leqslant p \leqslant 0.60$），中至高度相关（$0.60 \leqslant p \leqslant 0.80$）和高度相关（$P > 0.80$）。

　　从下表可知，利用Pearson相关系数分析学习动力、学习能力、学习毅力、学习转化力、学习力分别和学习实质观、学习过程观、学习条件观、学习目的观、记忆策略、认知策略、元认知策略、情感策略、学习观、学习策略共10项之间的相关关系。结果（见表4-1）显示，学习力整体及各维度与以上10项全部呈现出显著性，意味着学习力整体及各维度与以上10项具有正相关关系。

表4-1 高职学生学习观、学习策略和学习力等的Pearson相关分析表

	平均值	标准差	1	2	3	4	5	6	7	8	9	10	11	12	13	14	15
学习实质观 (1)	4.128	1.028	1														
学习过程观 (2)	4.032	0.985	0.556**	1													
学习条件观 (3)	4.198	1.058	0.477**	0.509**	1												
学习目的观 (4)	4.040	0.992	0.564**	0.573**	0.486**	1											
记忆策略 (5)	3.921	0.873	0.382**	0.347**	0.350**	0.362**	1										
认知策略 (6)	3.925	0.845	0.391**	0.351**	0.356**	0.378**	0.595**	1									
元认知策略 (7)	3.918	0.860	0.389**	0.348**	0.365**	0.365**	0.615**	0.583**	1								
情感策略 (8)	3.881	0.851	0.385**	0.359**	0.364**	0.363**	0.582**	0.588**	0.606**	1							
学习动力 (9)	3.950	0.872	0.357**	0.344**	0.328**	0.359**	0.371**	0.376**	0.360**	0.390**	1						
学习能力 (10)	3.852	0.818	0.382**	0.374**	0.355**	0.388**	0.370**	0.383**	0.389**	0.391**	0.526**	1					
学习毅力 (11)	3.798	0.827	0.342**	0.342**	0.323**	0.365**	0.379**	0.372**	0.370**	0.362**	0.478**	0.451**	1				
学习转化力 (12)	3.832	0.875	0.349**	0.358**	0.341**	0.371**	0.400**	0.393**	0.384**	0.374**	0.507**	0.497**	0.505**	1			
学习观 (13)	4.107	0.820	0.842**	0.792**	0.781**	0.788**	0.450**	0.461**	0.459**	0.459**	0.431**	0.465**	0.425**	0.439**	1		
学习策略 (14)	3.910	0.715	0.463**	0.421**	0.430**	0.440**	0.813**	0.841**	0.834**	0.845**	0.449**	0.460**	0.443**	0.464**	0.548**	1	
学习力 (15)	3.852	0.666	0.456**	0.451**	0.428**	0.471**	0.477**	0.481**	0.477**	0.480**	0.759**	0.848**	0.766**	0.755**	0.560**	0.573**	1

* $p < 0.05$ ** $p < 0.01$

一、高职学生学习观和学习策略的相关分析

如表4-2所示，学习观与学习策略为中度正相关（$r=0.548$）。学习观各分层面与学习策略整体呈现中度正相关，相关系数在0.421至0.463；学习策略各分层面与学习观整体呈现中度正相关，相关系数在0.450至0.461；学习观各分层面和学习策略各分层面均为显著正相关。

表4-2　高职学生学习观和学习策略相关矩阵

	记忆策略	认知策略	元认知策略	情感策略	学习策略
学习实质观	0.382**	0.391**	0.389**	0.385**	0.463**
学习过程观	0.347**	0.351**	0.348**	0.359**	0.421**
学习条件观	0.350**	0.356**	0.365**	0.364**	0.430**
学习目的观	0.362**	0.378**	0.365**	0.363**	0.440**
学习观	0.450**	0.461**	0.459**	0.459**	0.548**
*p<0.05 **p<0.01					

二、高职学生学习观和学习力的相关分析

如表4-3所示，学习观与学习力为中度正相关（$r=0.560$）。学习观各分层面与学习力整体呈现显著正相关，相关系数在0.428至0.471，处于中度正相关程度；学习力各分层面与学习观整体呈现显著正相关，相关系数在0.425至0.465，处于中度正相关程度；学习观各分层面和学习力各分层面均为显著正相关。

表4-3　高职学生学习观和学习力相关矩阵

	学习动力	学习能力	学习毅力	学习转化力	学习力
学习实质观	0.357**	0.382**	0.342**	0.349**	0.456**
学习过程观	0.344**	0.374**	0.342**	0.358**	0.451**
学习条件观	0.328**	0.355**	0.323**	0.341**	0.428**
学习目的观	0.359**	0.388**	0.365**	0.371**	0.471**
学习观	0.431**	0.465**	0.425**	0.439**	0.560**
*p<0.05 **p<0.01					

三、高职学生学习策略和学习力的相关分析

如表4-4所示，学习策略与学习力中度正相关（$r=0.573$）。学习策略各分层面与学习力整体呈现显著正相关，相关系数在0.477至0.481，处于中度正相关程度；学习力各分层面与学习策略整体呈现显著正相关，相关系数在0.443至0.464，处于中度正相关程度；学习策略各分层面和学习力各分层面均为显著正相关。

表4-4　高职学生学习策略和学习力相关矩阵

	学习动力	学习能力	学习毅力	学习转化力	学习力
记忆策略	0.371**	0.370**	0.379**	0.400**	0.477**
认知策略	0.376**	0.383**	0.372**	0.393**	0.481**
元认知策略	0.360**	0.389**	0.370**	0.384**	0.477**
情感策略	0.390**	0.391**	0.362**	0.374**	0.480**
学习策略	0.449**	0.460**	0.443**	0.464**	0.573**
* $p<0.05$ ** $p<0.01$					

综上，高职学生学习观、学习策略、学习力之间存在显著的两两正相关关系。其中，学习观与学习策略为中度正相关（$r=0.548$），学习观与学习力为中度正相关（$r=0.560$），学习策略与学习力中度正相关（$r=0.573$）。由此可知，学习观、学习策略与学习力有显著的正相关关系，意味着学习观、学习策略与学习力的变动方向是一致的。

第三节　高职学生学习观、学习策略
对学习力的影响分析

学习观、学习策略是如何对学习力产生影响的呢？研究组通过多元线性回归分析的方式验证高职学生学习观、学习策略对学习力的影响情形。

一、高职学生学习观各维度对学习力的影响

如表4-5所示，将学习实质观、学习过程观、学习条件观、学习目的观作为自变量，而将学习力作为因变量进行线性回归分析，模型公式为：学习力=1.972+0.115×学习实质观+0.102×学习过程观+0.106×学习条件观+0.137×学习目的观，模型R方值为0.316，意味着学习实质观、学习过程观、学习条件观、学习目的观可以解释学习力的31.6%变化原因。对模型进行F检验时发现，模型通过F检验（$F=239.171$，$p=0.000<0.05$），即说明学习实质观、学习过程观、学习条件观、学习目的观中至少一项会对学习力产生影响关系。另外，针对模型的多重共线性进行检验发现，模型中VIF值均小于5，意味着不存在共线性问题；并且$D\text{-}W$值在数字2附近，说明模型不存在自相关性，样本数据之间并没有关联关系，模型较好。学习实质观、学习过程观、学习条件观、学习目的观的回归系数值均为正数，且$P=0.000<0.001$，意味着学习观的各维度会对学习力产生显著的正向影响。

综上可知，学习实质观、学习过程观、学习条件观、学习目的观均会对学习力产生显著的正向影响。

表4-5　学习观对学习力的线性回归分析结果（$n=2073$）

	非标准化系数		标准化系数	t	p	VIF	R^2	调整 R^2	F
	B	标准误	Beta						
常数	1.972	0.062	–	31.769	0.000**	–			
学习实质观	0.115	0.015	0.177	7.406	0.000**	1.727			
学习过程观	0.102	0.017	0.150	6.158	0.000**	1.801	0.316	0.315	$F(4, 2068)=$ 239.171, $p=0.000$
学习条件观	0.106	0.014	0.168	7.509	0.000**	1.517			
学习目的观	0.137	0.016	0.204	8.391	0.000**	1.781			
因变量：学习力									
$D\text{-}W$值：1.984									
* $p<0.05$ ** $p<0.01$									

二、高职学生学习策略各维度对学习力的影响情形

如表4-6所示，将记忆策略、认知策略、元认知策略、情感策略作为自变量，而将学习力作为因变量进行线性回归分析，模型公式为：学习力=1.761+0.127×记忆策略+0.145×认知策略+0.123×元认知策略+0.140×情感策略，模型R方值为0.329，意味着记忆策略、认知策略、元认知策略、情感策略可以解释学习力的32.9%变化原因。对模型进行F检验时发现，模型通过F检验（$F=253.760$，$p=0.000<0.05$），即说明记忆策略、认知策略、元认知策略、情感策略中至少一项会对学习力产生影响关系。另外，针对模型的多重共线性进行检验发现，模型中VIF值均小于5，意味着不存在着共线性问题；并且$D-W$值在数字2附近，说明模型不存在自相关性，样本数据之间并没有关联关系，模型较好。记忆策略、认知策略、元认知策略、情感策略的回归系数值均为正数，且$P=0.000<0.001$，意味着学习策略的各维度会对学习力产生显著的正向影响。

综上可知，记忆策略、认知策略、元认知策略、情感策略均会对学习力产生显著的正向影响。

表4-6 学习策略对学习力的线性回归分析结果（$n=2073$）

	非标准化系数		标准化系数	t	p	VIF	R^2	调整R^2	F
	B	标准误	Beta						
常数	1.761	0.067	–	26.371	0.000**	–			
记忆策略	0.127	0.019	0.166	6.562	0.000**	1.967			$F(4, 2068)=$
认知策略	0.145	0.020	0.184	7.433	0.000**	1.895	0.329	0.328	253.760,
元认知策略	0.123	0.020	0.159	6.249	0.000**	2.001			$p=0.000$
情感策略	0.140	0.020	0.179	7.150	0.000**	1.923			
因变量：学习力									
$D-W$值：1.959									
* $p<0.05$ ** $p<0.01$									

三、高职学生学习观、学习策略对学习力的影响情形

如表4-7所示，将学习观、学习策略作为自变量，而将学习力作为因变量进行线性回归分析，模型公式为：学习力=1.291+0.285×学习观+0.355×学习策略，模型R方值为0.415，意味着学习观、学习策略可以解释学习力的41.5%变化原因。对模型进行F检验时发现，模型通过F检验（$F=734.263$，$p=0.000<0.05$），即说明学习观，学习策略中至少一项会对学习力产生影响关系。另外，针对模型的多重共线性进行检验发现，模型中VIF值均小于5，意味着不存在着共线性问题；并且D-W值在数字2附近，说明模型不存在自相关性，样本数据之间并没有关联关系，模型较好。学习观、学习策略的回归系数值均为正数，且$P=0.000<0.001$，意味着学习观、学习策略会对学习力产生显著的正向影响。

综上可知，学习观、学习策略均对学习力产生显著的正向影响。

表4-7　学习观、策略对学习力的线性回归分析结果（$n=2073$）

	非标准化系数		标准化系数	t	p	VIF	R^2	调整R^2	F
	B	标准误	Beta						
常数	1.291	0.068	–	19.028	0.000**	–	0.415	0.414	$F(2, 2070)=$ 734.263, $p=0.000$
学习观	0.285	0.016	0.351	17.465	0.000**	1.429			
学习策略	0.355	0.019	0.381	18.960	0.000**	1.429			
因变量：学习力									
D-W值：1.975									
*$p<0.05$ **$p<0.01$									

通过多元线性回归分析可知，高职学生学习观整体及各维度、学习策略整体及各维度对学习力具有显著的正向影响。其中，学习观各维度可以解释学习力的31.6%的变异量，学习策略各维度可以解释学习力32.9%的变异量，学习观和学习策略可以解释学习力41.5%的变异量。

四、模型验证

通过文献探讨和相关的量化分析，研究组归纳整理出如图4-1所示结构方程模型，模型中包含由学习观、学习策略、学习力三个潜在变项构成的结构模式，以及由12个观察变项构成的测量模型。通过SPSS、AMOS进行资料分析与处理，探讨高职学生学习观、学习策略对学习力的影响情形。

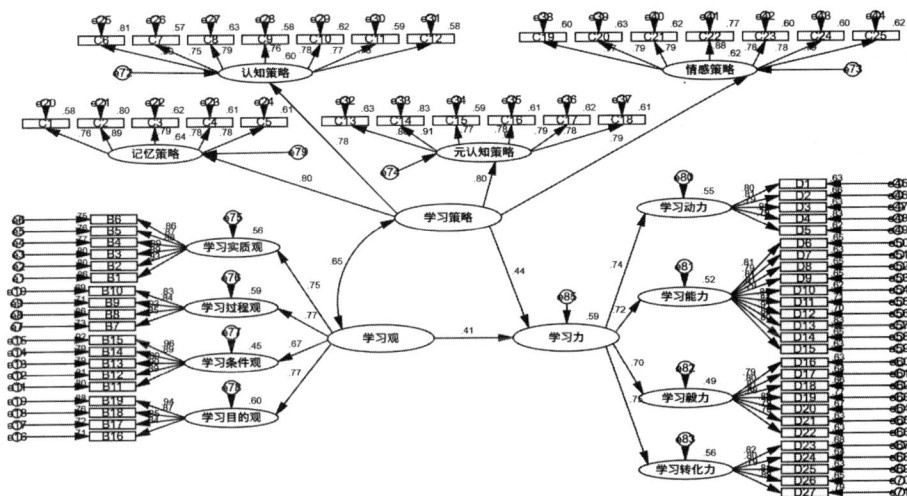

图4-1　结构方程模型

表4-8　模型适配度指标

CMIN	df	CMIN/DF	NFI	IFI	TLI	CFI	GFI	RMSEA
4235.015	2399.000	1.765	0.966	0.985	0.985	0.985	0.946	0.019
Suggested value		<3	>0.8	>0.9	>0.8	>0.9	>0.8	<0.08

根据表4-8可知，本模型中，CMIN/DF、NFI、IFI、TLI、CFI、GFI、RMSEA等模型适配度指标均符合标准，故模型适配度很好。

表4-9　路径检验结果

路径	变量间关系路径			非标准化回归系数	标准化回归系数	标准误	T值	P	路径检验结果
路径1	学习力	<---	学习策略	0.421	0.437	0.033	12.649	***	支持
路径2	学习力	<---	学习观	0.289	0.411	0.024	12.083	***	支持
路径3	学习实质观	<---	学习观	1.000	0.751	0.000	0.000	0.000	支持
路径4	学习过程观	<---	学习观	0.837	0.770	0.030	27.776	***	支持
路径5	学习条件观	<---	学习观	0.808	0.673	0.031	25.812	***	支持
路径6	学习目的观	<---	学习观	0.814	0.774	0.029	27.735	***	支持
路径7	学习动力	<---	学习力	1.000	0.740	0.000	0.000	0.000	支持
路径8	学习能力	<---	学习力	0.930	0.718	0.039	23.541	***	支持
路径9	学习毅力	<---	学习力	0.894	0.699	0.039	22.823	***	支持
路径10	学习转化力	<---	学习力	1.058	0.750	0.044	24.110	***	支持
路径11	记忆策略	<---	学习策略	1.000	0.800	0.000	0.000	0.000	支持
路径12	元认知策略	<---	学习策略	1.038	0.798	0.040	26.035	***	支持
路径13	认知策略	<---	学习策略	1.335	0.777	0.049	27.281	***	支持
路径14	情感策略	<---	学习策略	0.994	0.788	0.039	25.407	***	支持

通过AMOS进行路径分析，结构模型路径系数结果如表4-9所示。学习策略对学习力存在显著的正向影响，即（β=0.437，$P<0.05$），故支持路径1；学习观对学习力存在显著的正向影响，即（β=0.411，$P<0.05$），故支持路径2。高职学生学习观、学习策略确实对学习力产生显著正向影响。

第五章 高职学生学习力的实践进路

第一节 高职学生学习力的实践原则

学习力具有其丰富教育意蕴和重要研究价值，但要将学习力从高职学生的学习层面转向实践层面，在探讨方法和开展行动之前，需要先明确原则。

一、关注个人发展与社会发展的辩证统一

对学习力的探讨，学习型组织专家张声雄在编著《〈第五项修炼〉导读》中，明确提出了基于管理学专家彼得·圣吉的观点，及其在管理学视野中的学习力定义：一个人或一个企业、一个组织学习的动力、毅力和能力的综合体现，是学习型组织的基础。从该定义的前后文和定义本身能看出，学习力被放置于企业的组织管理实践中进行探讨，即便是其中的"个人"或"组织"，也特指在市场运作环境下与企业活动有关的个人和组织，探讨这一类"个人"和"组织"的学习力问题，实质上指向管理学相关主旨——因为探讨这类问题的根本，并不在于促进个人的发展，而是希望借由关注个人或组织的学习力来达到管理效用的提升。而在"学习力"正式进入教育学领域后，尽管广大学者几乎都关注到学习力与个人发展的关系，但也更为重视学习力的实效问题，特别是美系观点中对学习力"实用性"的重视。所谓实用，通常都要以满足当下社会需求为标准。在这个标准中，学习力是一种有效推动社会发展的教育手段，是一种"追跑"社会需要的存在，如"重视学

习力建设是社会发展的必然要求"①"学习力是教育发展的生产力"②等。

但实际上，从教育的本质来看，教育的基本矛盾是人的发展和社会发展之间的矛盾，教育的两大功能就包括人的发展功能和社会发展功能，而且教育的质的规定性决定了"促进人的发展"是教育的本体功能，是最基本的学科立场，也是本源性功能，人是教育的永恒旨归。因而学习力应该具备的教育学意蕴，即应关注人的发展，以及在关注人的发展的同时促进社会发展，以达成个人发展与社会发展的辩证统一。学习力本质的"人本性"高度呼应这一教育的质的规定性。

通过调查我们不难发现，多元受访群体中较少能够切中"学习力"与人的全面发展和可持续发展之间的联系。比如，有的受访者认为学习力仅限于学校、课堂或专业学习，将生活中对新信息的感知、接收和升级排除在其所谓的"学习"之外，学习力的适用范围极其狭隘；有的受访者认为要判断学习力水平，只能通过社会评价或精准对接社会当下需求来衡量，忽视了学习力应具有符合人终身发展的动态性。因此在探讨学习力时，我们应该将视角再放大一些，尽量摆脱过深的管理学印记，同时还要从"实用主义"的思路中跳脱出来，回归教育"个人与社会和谐发展"的本质初心。

二、具有教育的相对独立性

早在1922年，我国近代著名的教育家蔡元培先生就曾发表过《教育独立议》一文，认为"教育要保有独立的资格"，这是"教育的相对独立性"的缘起③。在白明亮先生1999年的文章中曾对"教育的相对独立性"进行解读，一方面教育要作为一种独立社会要素的"单质性存在"，另一方面教育要作为与其他社会亚系统相互联系的"共存性存在"。最为关键的，教育能够存在的根本，就在于"自在"独立性在任何社会、制度下及历史条件下都能存在。从这一点出发，学习力应该具有教育的相对独立性。因为只有具备

---

① 彭希林. 论学习力 [J]. 黑龙江教育（高教研究与评估），2007（1\2）：97-99.

② 沈勇. 学习力：教育发展的生产力 [J]. 辽宁教育，2017（04）：47-48.

③ 白明亮. 论教育的相对独立性 [J]. 教育研究与实验，1999（04）：9-12.

这一基本属性，学习力才得以坚守自身的品格和立场，发挥其对人的发展与社会发展的能动作用。

学习力具有教育的相对独立性，一是要表现在对社会的适应必须有批判性。对社会的适应具有批判性，是持守教育对现实的质疑态度，要深度洞察、敏锐辨别、谨慎判断当下社会现象和要求，而并非毫无立场地完全呼应社会需要和权威观点。学习力量表中"能对权威论点进行论证和反思"题项的设置正是基于这一判断。但该题项得分平均值3.81，低于学习力整体中位数，从量化层面反映了高职学习者学习力在这方面仍显薄弱。在质性访谈中，研究者也发现多位学生受访者持有"学习必须要实用"（S6-258）、"陶冶情操、开阔视野是假大空"（S9-410）的观点，说明学习者的学习力对社会的适应有高度依赖性，甚至摒弃了学习力本身应具有的相对独立性。二是表现在对社会的适应必须有选择性。对社会的适应具有选择性，是指并非全盘接受社会要求，而应该在一定的标准下有选择地适应社会。这个标准仍然基于两点：是否有利于人的发展？是否有利于社会的发展？历史唯物辩证观下的社会发展趋势必然是前进的，但社会发展的过程也必然是反复曲折的。因此，如果探讨学习力是完全基于对当下社会的适应，那么也必然追随其发展过程而呈现反复曲折。不加选择地适应社会，学习力只能永远扮演"追跑者"的角色，难以发挥它应有的"清醒剂"和"领跑者"作用，也就失去了其应有的教育意蕴。

三、抛开对专科层次职业教育的刻板印象

谈及高职教育，现在仍有很多人认为它是次等教育，认为"学术教育＞职业教育"。究其原因，有传统观念和体制沿革两方面的影响。

从传统观念上看，"重学轻术"观念根深蒂固。儒家思想崇尚"学而仕则优""劳心者治人，劳力者治于人"；道家崇尚自然，并无改造自然之心、之术。受传统观念影响，中国传统学术对技能技术和自然科学研究关注不足，"术"的江湖地位远不如"学"，并慢慢形成了"重学历轻技能""重普教轻职教"的社会偏见，影响着中国人的就学和择业倾向。从体

制沿革上看，新中国成立后到1978年，我国一直没有"职业教育"的提法，"职业教育"一度被认为是资本主义的产物。20世纪80年代，高职教育与普高工程教育的区分问题，曾经引发过是否发展高职的激烈争论。90年代之后，我国职业教育有了很大发展，但仍有浓重的"层次教育"特色，专科层次职业教育招生对象基本是被普通高校拒之门外的生源。与国家大力发展普通高等教育所投入的力度和经费相比，职业教育得到的关注有限，加之职业教育学生在公务员、事业单位考试，以及企业招聘中可选的职位、薪酬待遇、发展空间等也与普通高等教育的学生有所差距，使职业教育长期存在社会认可度较低的情况。

有学生受访者直言：

"还是比较介意社会眼光，有的同学可能就会因此自暴自弃，破罐子破摔，我们整个群体的自信心是不高的。"（S1-38）

"身边人觉得自己是高职学生，就会有偏见，觉得我们不如本科生。这种偏见多了，有时候我会怀疑自己，特别是怀疑自己的选择，就没什么信心。一个两个人这么说还好，当很多人对自己都那么说的时候，自己对学习的兴趣确实下降，学习信心就不足，很容易阻碍学习力提升。"（S2-89）

这说明对高职教育所贴的负面标签，可能对学习者带来心态上的消极影响；而这种消极影响又反过来抑制了学习者的学习力。在"社会评价—学习力"的消极循环中，高职学生学习力水平难以得到客观积极的判断。

四、避免对高职学生学习力作简单判断

学习力因本身的复杂性与抽象性，使得其内涵本质更丰富，能够较大程度地体现学习者的学习状态，这是学习力理论研究的学术魅力，同时也是学习力实践研究的痛点难点。落脚到现实判断中，到底学习力可以如何体现？从验证性科学方法的角度来看待此问题，一个抽象概念如何被验证，一般可通过定量和定性研究方法。定量研究方法认为，认知和行为是高度可预见并可被解释的，因此也将从概率性成因（probabilistic cause）中试图识别因果关系。而定性研究方法则通过研究者所构建的视角来理解和界定研究对象，并

从他们所观察到的结果中演绎推理出结论。因此，作为一个抽象概念，学习力的表征一方面需要通过量化的测量结果来具象展示，另方面也需要纳入研究者对所观察事物的理解中加以解读。二者相互补充，能够更全面地理解研究问题。因而，不能简单将学习力等同于学习成绩、学习能力、学习成效、"学会学习"、学习素养等概念，尽管现实情况中人们常通过学习成绩、学习成效等判断一个学生的学习力，主要因为它们通常比较直观、便捷、易被观察或感知，而这些特性是学习力不具有的。

　　一个人的学习力如何，仅通过其学习成绩难以判断。在量化阶段，我们发现不同入学前身份的高职学生在学习力上具有显著差异，值得注意的是，社会人员学习力水平最高，高中毕业生反而最弱，且在学习能力和学习转化力两个层面最为明显。但如果单纯从学习成绩上看，可能得出与此次量化调研截然不同的结果。高中毕业生因长期受到规范的、符合应试要求的学习训练，以及具有更多的知识积累，他们在高职教育阶段的学习成绩往往比中职毕业生和社会人员要好。可在访谈中我们发现，大部分受访者尽管认可现实中的确存在高中毕业生学习成绩较好的情况，但并不认为可以据此判断他们学习力就较高。

　　"学习力不能理解为单纯对书本的学习力。而是自己想学，自己采用各种办法，包括自己先天的优势和后天环境的影响，养成一种习惯和能力，然后能学到东西的水平和能力、达到什么程度的能力。既不等于学习成绩、也不等于学习能力。真正的学习力能影响一辈子。"（A2-582）

　　因此，对学习力的判断尽量通过多种方式相结合，"窄脚镜头"和"广角、深角镜头"共同运用，才能更全面地展示个人的学习力面貌，验证其学习力水平。

第二节　高职学生学习力面临挑战

一、学习动力挑战：高职教育的"负面标签"需要尽快去除

谈及高职教育，由于其具有的职业教育属性，在"学术教育>职业教育"的社会标签中，总被认为是次等教育。作为职业教育中的一种类型，高职教育在短期内不易撕掉这样的社会标签。造成这种情况的原因大致有传统观念和体制沿革两方面：传统观念上，主要由于"重学轻术""学而优则仕""劳心者治人，劳力者治于人"等观念根深蒂固，慢慢形成了"重学历轻技能""重普教轻职教"的社会偏见；体制沿革上，主要因长期实行"层次教育"，高职学生基本为被本科院校拒之门外的生源，得到的各方面关注和鼓励有限，使高职教育长期存在社会认可度较低的情况。

也正因此，人们更青睐本科教育，这使得高职教育人才培养在一定时期同样会面临学习者选择意愿不高的困境。作为学习者学习活动的内部推动力量，学习动力很大程度上受意愿度影响。意愿度不高的学习者，无法充分调动学习动力，甚至可能抑制学习动力的作用发挥。学习动力是一种内驱力，它的不明朗或匮乏将导致学习活动缺失情感支点，不利于人才培养工作的开展。

二、学习能力挑战："会做"—"做好"的升维培养力度不足

从字面意义辨析，学习能力的内涵聚焦于"能"，即学习者在学习活动中"能"的方面和程度。从学习能力包含的要素看，有基于认知过程的解读，包括了记忆力、思维能力、观察能力和想象能力四要素，这四要素之间相互联系，相互制约；也有基于心理过程的观点，包括认知过程和操作控制过程，其中包括知觉动作综合能力、理解与记忆能力、学习计划和控制能力、学习操作能力。高职教育所培养的人才，与其他教育形式所培养人才应具有的能力相差无几，但在"能"的程度上应该有所不同。中职教育培养技

术工人，对其学习能力在"能"程度上的要求是"会做"，追求"操作熟练"；高职高专培养技术员在"能"的程度上是要求"做好"，追求"运用效果"，甚至要掌握"知道怎样做更好"的智慧技能，追求实践上"精益求精"。因此，从学习能力维度探究高职学生学习力，需要格外关注在"能"的程度上，怎样培养学习者从操作层面上升到思维层面。

研究发现，目前高职学生学习能力平均分值3.852分，低于中位数，升维培养效果欠缺。其主要有以下三方面的原因：一是受招生制度的限制。现行的高职院校入学考试仍然以高考、自主招生等方式为主，难以摆脱生源不如普通本科学生的处境，学习能力基础在招生这个环节已然存在差距，人才培养难度增加。二是受师资力量的限制。高职教育的特性决定了人才培养应具有理论性和职业性的特征，对于师资有相应的要求，既应具有一定的理论水平，也要有敏锐的市场嗅觉和社会眼光，既能"抬头看天"，也能"低头赶路"，既有高度，又接地气，如此才能着眼于学习能力从操作层面向思维层面的升维培养。但师资力量的相适应具有一定延迟性，在当前职教改革阶段，还未能及时调整到位。三是受课程设计的限制。课程设计是人才培养的关键环节，该设计哪些课程内容、以怎样的方式进行教学、如何进行课程效果评估等方面都对学生学习能力培养有直接影响。传统高职教育要求"精准对接"用人需求，课程设计侧重培养学生具有直接上岗的知识储备和实践技能，对知识与技能的广度和深度要求不足。未来对高职学生学习力培养上，这一点需要尤为重视并给予调整。

三、学习毅力挑战：学习信心和目标感较弱，"知行合一"难以实现

学界普遍认为，学习毅力是学习者在学习环境中的持久力及形成的稳定的意志质量。在我国古代，最早提及"毅力"概念的是朱熹："情话欣无斁，离怀怅有违。勉哉彊毅力，千里要同归。"指的是志向坚定而不动摇的力量。外国学者达克沃斯通过研究美国西点军校的学员、高校在校学生的特点发现：比起智力、学习成绩或者长相，毅力是最为可靠的预示成功的指

标。通常，学习毅力可以体现在对学习计划的制订和执行、对学习过程的精神专注和情绪稳定、对学习困难的克服和消解、主动学习等，有研究将之归纳为目标导向、抗逆性和自我控制。

其中，目标导向对抗逆性和自我控制具有正相关作用，是必要不充分条件。具有明确的学习目标，不一定能够推导出学生具有抗逆性和自我控制，但如果学习者具有较强的抗逆性和自我控制，一定源于其具有坚定的学习目标。因此，学习者对人才培养目标的认同度高低，直接影响其学习毅力水平。但本研究发现，高职学生的目标感模糊：一是对未来茫然。主要表现在不清楚自己现阶段学习是为了什么、不清楚自己未来想成为什么人、不清楚通过在学校的学习可以实现怎样的未来；二是易产生懈怠和将就心理。学习目标感弱，使学习行为中的抗逆性相应减弱，遇到困难时容易消极面对、产生畏惧和气馁，或造成"佛系"心理，得过且过；三是易转移学习重心。专注于某个领域某个专业的学习，往往仅靠"兴趣"是无法持续的，这就需要较强的学习毅力予以维持。但在目标感弱的情况下，学习者更倾向于依赖兴趣来维持专业学习。一旦课程设计或教师教学方式对学习者的吸引度减弱，学习毅力不足的学习者很可能转而投入其他自己更感兴趣的领域开展学习。并非不可转移学习重心，但这对所投入的教育资源而言，无疑是一种浪费。

四、学习转化力挑战：发展路径漂移和"校热企冷"现象仍难解决

关于学习转化力，学界普遍认为是学习者通过学习，实现自我更新、思维创新，或将学习成果转化为实践本领的能力。在这种解读中，是否能将学习成果转化为实践成果、转化（实践）效果如何，是衡量学习转化力优劣的重要判断标准。因此，学习转化力作为学习力的其中一个维度，高度聚焦于对学习者实践创新性的培养，是探讨高职学生学习力的关键要素，也是"职业性"在学习者学习研究中的重要体现。

学习转化力的培养，首先需要具备可供转化的平台。从学习者的角度出发，一是专业知识学习的校内平台，二是实践创新的行业企业平台，即校

外平台。学习者在校内平台学习到知识成果，将之运用到校外的行业企业平台。理论上讲，学习转化力水平越高，知识转化为实践运用的效果就越好，而这一点会受到平台资源、性质、模式等的影响。

从校内平台角度看，办学惯性和路径漂移现象仍然存在。在职业教育类型发展的改革过程中，由于配套体制机制仍未成熟，高职院校为确保从政府、社会获取足够的发展资源，办学模式或定位可能自觉或不自觉地向应用型本科或学术型本科发生漂移。由此带来课程设计学术化、培养过程理论化、教学模式单一化等问题，使课程标准与行业标准无法高度对接、人才培养过程中的实践能力要求落实不到位。这些问题都将影响学习者的转化力实现：所学知识是否能密切对接市场需求？还是因为实践断层。学习者一毕业就落伍？

从行业企业平台角度看，校企合作"学校热、企业冷"现象普遍存在。校企合作、产教融合，是指学校和企业两个主体能在深度融合中各有收获，并共同推动人才培养和经济社会发展。换句话说，这是一件"合作共赢"的事情，并不是"一头热"的行为。目前普遍的校企合作形式固然能够部分解决学校"学生顶岗实习难"、企业"季度用工荒"问题，但深层次的包括人才培养标准制定、精准育人质量提升、办学特色打造等问题仍未能很好解决。这类深层次问题的解决需要企业投入更多精力，且时间长、见效慢、有风险，以效益为根本原则的企方必然难以对此一呼百应。归根结底，企业在校企合作中的利益诉求未能得到稳定保障。企方的淡出或缺失将极大影响高职教育在育人特质上的效果，从学习力的角度看，影响的就是学习转化力的培养效果。

五、学习力的实践挑战：对接新时代高职教育的提质培优和增值赋能

2020年9月，教育部等九部门联合印发的《职业教育提质培优行动计划（2020—2023 年）》（以下简称《行动计划》），作为深入贯彻《国家职业教育改革实施方案》精神的重要工作抓手，为高职教育改革创新发展打造了

"风向标"和"作战图"。《行动计划》明确提出56项新一轮改革项目，以补短板夯实发展基础、启动力增强改革动力、强内涵凸显类型特色、增效益提升服务能力四个"切入点"，以"提质培优""增值赋能"为发展主线，明确巩固专科高职教育的主体地位，推进专科高职学校高质量发展。从实践逻辑上看，就是要把习近平总书记对职业教育"大有可为"的期盼变成"大有作为"的生动实践，"把发展专科高职教育作为优化高等教育结构和培养大国工匠、能工巧匠的重要方式，输送区域发展急需的高素质技术技能人才"，让职业教育特别是高职教育肩负起培养更多高素质技术技能人才、能工巧匠、大国工匠的重大任务，肩负起为学习者提供多样化成长成才路径的重大职责。

在这一现实背景下，学习力研究不仅需要从学理层面剖析面临的挑战，还应高度关注理论解析之外的外部现实困难——学习力应如何对接融入新时代高职教育提质培优与增值赋能的时代语境？

（一）实践逻辑如何对接政策指引

近几年，无论是国家或地方政策层面均高度关注高职教育发展，从2019年《国家职业教育改革实施方案》（以下简称《方案》）发布起，往后每年都出台有关职业教育的重磅文件，如2020年的《行动计划》，2021年《关于推动现代职业教育高质量发展的意见》（以下简称《意见》）《中华人民共和国职业教育法》相继发布，为高职教育高质量发展提供方向指引。各项政策对高职教育的具体发展措施进行部署，如"把发展高等职业教育作为优化高等教育结构和培养大国工匠、能工巧匠的重要方式，使城乡新增劳动力更多接受高等教育。高等职业学校要培养服务区域发展的高素质技术技能人才，重点服务企业特别是中小微企业的技术研发和产品升级，加强社区教育和终身学习服务""把发展专科高职教育作为优化高等教育结构和培养大国工匠、能工巧匠的重要方式，输送区域发展急需的高素质技术技能人才。不限制专科高职学校招收中职毕业生的比例，适度扩大专升本招生计划，为部分有意愿的高职（专科）毕业生提供继续深造的机会""完善高职分类考试内容和形式，推进'文化素质+职业技能'评价方式，引导不同阶段教育合理分流、协调发展，为学生接受高职教育提供多种入学方式""推进高等职业教育提质培优，实施好'双高计划'，集中力量建设一批高水平高等职业学校和专业"。从各项有关高职教育发展的政策来看，主要从人才培养定位、招生方式、考试评价方式、办学方向等方面进行部署，其中在考试评价方式中更是明确了组织形式："文化素质考试由省级教育行政部门根据《中等职业学校公共基础课课程标准》统一组织。职业技能测试分值不低于总分值的50%，考试形式以操作考试为主，须充分体现岗位技能、通用技术等内容。"

从人才培养、考试评价或办学理念等政策方向看，探讨高职教育发展与高职学生学习力有所关联，因为学习者的学习力正是教育质量的重要监控指标，从学术或应用价值来看都具有重要意义，这一点我们在前文已进行详细剖析解读。但学习力具有的抽象属性，使其不具有如学习成绩的完全量化特征，也不像课堂表现观察那般一目了然。因此尽管学界和教育行政部门关注学习力问题，但从实践逻辑上仍未将学习力纳入政策文本。从目前出台的有关高职教育发展的政策文本看，几乎没有一项明确体现高职学生学习力。而没有政策指引，对学习者学习力的探讨就只能"悬浮半空"，难以落地。要解决这一外部挑战，学习力研究必须继续深化，并聚焦于如何将之从理论探讨层面向实践探索层面迁移，使学习力的探索更加具象化、可操作化；对学习力研究的验证应更广泛和频繁，丰富各类研究对象，使有关学习力的研究结果更科学，更具有实际指导意义。

（二）评价操作如何融入教育实际

学生学习成效及其经验是我国高等教育评估实践应予以关注的重点，对学习者进行学习力评估符合高等教育评估发展趋势。但在评估实践中，学习力评估要真正融入教育实际存在一定操作难度。本研究制定完善的高职学生学习力量表，通过信效度检测和大规模样本验证，得出高职学生学习力现状，一定程度上反映了样本群体的学习情况，为教育行政部门、工作者、学习者本身提供重要参考和反馈。但量表的功能主要在于呈现当下现状，量表所得结果是样本群体的整体状态，要获取高职学生的个体学习力情况，还需要深化高职学生学习力评价研究，明确评价指标权集、内容体系和评定标准，构建适合高职学生个体的学习力评价指标体系，并在实际教育教学过程中进行评价操作，通过反复实践验证评价指标科学性的同时，获取高职学生个体学习力水平及优劣势维度，为提升教育教学效果提供更个性化、精细化的依据。

在实际的评价实践中，学习力评价指标要真正融入教育实际是具有操作难度的。一是评价指标构建的现实基础变动较大，可能具有滞后性。学习力内涵的"复合性"决定了学习力评估指标维度相对丰富，这意味着所介入影响因素将更多元。通常，影响因素主要来自现阶段社会经济发展需求、学习力各相关利益群体发展需求，这些现实基础几乎时刻处于变化发展过程中，并不像其他类型的评估指标一样相对稳定。同时，评估指标体系的构建一般需要反复征询专家意见，对不同的利益相关群体开展测量和深度访谈，在检验、交叉印证调查结论的基础上形成。一套相对成熟的评估指标体系从初始到运用于实践通常需要至少若干学期甚至学年，致使评估指标体系可能存在滞后性，难以及时反映教育实际。二是学习力评估实施过程中存在的不可控因素较多。从评估客体看，对"高职学生学习力"的界定应寻得清晰统一的共识，但学界目前对此观点纷繁复杂；从评估过程看，不同评价者对指标难免存在认识的差异或个体喜好、态度、习惯等；从评估结果看，由于学习力本身具有抽象性，仅依靠量化方式进行学习力评估过于刻板，如何介入非量化评估方式，同时整合归纳评估结果，是学习力评估实际操作中的重点难点。

（三）如何寻得个体发展与高职适用性的"最大公约数"

《中华人民共和国国民经济和社会发展第十四个五年规划和2035年远景目标纲要》中对职业教育提出了要求：建设高质量教育体系，增强职业技术教育适应性。这说明面对新形势和新挑战，国家对高职教育的适应性特征更加重视，是对现阶段高职教育人才培养质量、体系结构还不能有效满足社会与个体发展要求的理性反思，实质是强调了高职教育要遵循社会需求的逻辑。但强调"以学生为中心"的学习力探讨，更多从教育的本质功能出发，重点关注着个体发展的逻辑。如何寻得这两者的"最大公约数"？实质上，个体发展与高职教育适用性从不相互排斥，它们相辅相成。教育具有两大功能，一是促进人的发展功能，二是促进社会发展功能。从两者关系看，个体是社会的细胞，任何创新创造都是来自人的想法和行动，没有人的发展，就无法为社会提供可持续发展的资源和动力；社会是个体的保障，没有社会的发展，个体发展就失去了平台和空间，人的发展将受到限制。基于此，高职教育适用性强调满足社会需求，旨在推动社会发展，归根结底，其依赖于个体发展，并与个体发展呈现"螺旋上升"态势。

学习力与高职教育适用性的归旨一致，关注学习力问题，实质是如何解决人和社会发展之间的矛盾，以及如何促进人和社会协调发展的问题。一方面，人的全面可持续发展呼唤学习力发展。学习力本质的"人本性"使高职学生学习力问题更多聚焦于个体的全面和可持续发展。学习力不仅是当下学习过程体现，还包括了学习所产生的新思维、新行为，以及重新创造自我的过程，是一种持续迭代的能力系统。因此，个体学习力的发展就必然促使其具有全面可持续发展的能力，并且更关注个体潜在的、长远的隐性素质的提升。但同时，学习力成效难以在短期内得到验证。对高职院校而言，目前"精准育人"呼声很高，因为现实中经济社会发展往往需要能及时精准对接岗位需求的人才。尽管从长远看、从教育规律看，强调个体发展必然会与社会适用高度统一，但个体学习力培养成效因为无法立竿见影，难以在社会适用环境中得到快速展示，在要求成效快速精准的市场环境中往往难以获得高看。显然，个体发展要求的可持续性与社会适用需要的精准及时性存在错位，如何寻得个体发展与高职适用性之间的"最大公约数"，在有关的研究探索和实践探究中强化对社会发展的关注，让"人人皆可成才，人人展尽其才"，让高职教育可以"顶天"——培养国家现代产业可持续发展的主力军，在上天入海、大国重器中担当起"顶天"大用，同时也可"立地"——关系着学习者个人未来可持续发展的民生幸福，是当下学习力面对的重要外部挑战。

第三节　高职学生学习力的突破路径

价值梳理和现实审视结果显示，高职学生学习力高度呼应当前高职教育改革发展趋势，对高职教育和人的高质量发展都将产生积极影响；但同时也存在如何处理"教"与"学"、个体发展与社会发展的关系问题。因此，本研究尝试以价值本源为牵引，构建以内部观念、教育生态、转化耦合、体制机制四位一体的突破路径，内部观念提供价值起点，教育生态提供深度滋养，转化耦合提供迭代条件，体制机制提供实践保障，共同推动高职学生学习力困境破题。

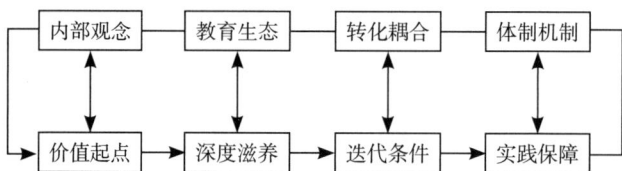

图5-1　高职学生学习力突破路径图

一、价值起点：教育供受双方内部观念支持

在"以学为中心"的教育语境下，高职学生学习力实践既要关注教育供给方行为，也需要纳入微观教育接受方视角。因此，教育供受双方对学习这件事的认知尤为重要。作为一种类似于"行政控制系统"的内部观念，学习观在无形之中通过选择性译码、比较和结合把知识从情境经验中收集起来，从而影响个体学习行为和学习效果，但人们经常因为学习观作用的潜在性和间接性而将学习结果归因于其他因素。事实上，我们通过之前的研究，已经明确了学习观作为学习力生成的价值起点，对高职学生学习力具有重要的影响。一是学习观与学习力二者之间显著的正相关关系表明，个体越是持有较高的学习观倾向，其学习力越发展得好。同时，通过前文对"人的因素"的分析我们发现，教育供给方的教学观也将对学习者学习力产生重要影响。

（一）教育供给方：从关注普遍性到重视个体差异

在人本管理理论视域中，教育管理应该具有"顾客意识"。从"顾客意识"视角审视高职学生学习力问题，意味着教育供给方要重视对学习者个体差异的处理，从原有的只关注学习结果转变为重视学习者个体体验。教育的责任在于使每个人都得到进步和发展，如果不考虑学习者存在的差异性和特性，呆板地遵循某种模式、机制、教学方式，学习者就会缺乏针对性指导。普遍性教育虽然在一定程度上也能产生教育效果，但有可能因为难以触及学习者个体需求或薄弱环节，难以"对症下药"，学习者也就难以获得理想的学习体验。因此，我们常常发现高校中存在"师傅领进门、修行在个人"或者"知识满堂灌"的情况，因为教育供给方更看重教育的普遍性效果，而没有关注个体学习者的内心世界和学习需求，也就忽视了学生的学习体验满意度，使教育变得"不走心"。本研究所调查的 2 073 个高职学生样本，存在着区域、入学前身份、专业、年级、性别、家庭等方面的差异，差异的存在说明高职学生学习情况是多样化的，不可一概而论。同时，访谈发现高职学习者重视学习体验，但他们情感策略运用并不佳，这意味着高职学生难以凭借自身情感策略的调节来克服不理想的学习体验带来的负面影响，使教育效果大打折扣，学习者的学习力也难以充分发展。教育供给方是否能转变观念，从而提升学习者学习体验满意度，是高职学生学习力的突破重点。

（二）教育接受方：从实用主义倾向到建构主义倾向

在学习内容更加深化的大学阶段，"学习"却往往成为高职学生追求学业过关的一种被动手段，以课程评价、证书考取等外部推动方式来激发学习行为的产生，体现了实用主义倾向学习观。因此，教育接受方的学习观应从浅层的实用主义倾向向深层的建构主义倾向调整，让学习成为积极主动理解意义、形成联系的建构性过程。

研究结果显示，高职学生的学习观倾向是比较明显的，薄弱环节主要在学习过程观和学习目的观这两个维度，特别在"尽可能在规定时间内甚至提早完成学习任务"及"学习是为了满足好奇和兴趣"两个题项的分值明显偏低，这说明高职学生对学习过程中的进度把握和学习目的中的好奇因素均相对薄弱。因此，要树立成熟的学习观，可着重从这两方面入手。一是学习观应从浅层的实用主义倾向往深层的建构主义倾向调整，对知识本质认识从固定性走向互联性，对学习实质认识从获得客观信息到产生意义联系，对学习过程认识从外部强化到内部驱动，对学习条件认识从以"教"为主到师生或生生交互。强化对"学习路线图"的制定和执行，在学习实践中逐步纠正可能存在的"佛系""无所谓""拖延症""得过且过"等心态。二是注重挖掘好奇心，拓展自己的认知范围和探索半径，让学习不只是一种满足当前或未来需要的实用手段，而成为个体与环境形成联系、主动交互的建构性过程。研究结果显示，高职学生在学习目的上的好奇和兴趣是相对匮乏的，量化数据说明大部分高职学生高度认可"学习是为了生活做准备""学习是为了解决实际问题""学习是为了实现自我发展"等实用倾向明显的观点，这一情况也呼应了质性访谈得出的高职学生学习观建构主义倾向与实用主义倾向并存的结果。因而，好奇和兴趣——看起来似乎不怎么实用的一种目的观，并没有受到高职学生的重视。这应该成为未来高职学生学习力发展的重要切入点。好奇推动探索，最终推动个人发展与社会发展。实用倾向的学习观可以带领学习者完成当下符合实际需求的各种学习活动，却不能使他们从内心自发产生不断学习的动力，也就不能真正实现学习者个人的可持续发展。学习力的提升不是一种暂时性、阶段性的结果，而是持续终身的，需要源源不断的内生动力，这种动力从价值源头来看，就是学习者个体对未知的好奇和对知识的渴求，也只有学习者真正认可这一观点，才有可能真正落脚于实践。

二、深度滋养：教育生态协同运作

关注学习者成长变化的院校影响理论认为，学习者在大学环境中会发生变化，强调大学要创造环境和条件激励促进学生的学习发展，增强学习者在校体验和社会化互动交往。高职教育组织形式特性决定了其学习者长期在学校内生活、学习，学校教育必然是学习者的重要教育生态，既包括相对稳定凝练的环境因素，也有主动灵活的人的因素，共同滋养学习者学习力发展。

（一）环境因素：良好学风是学校教育生态的灵魂

学风是师生在长期的教育实践过程中形成的一种较为稳定的治学目的、治学精神、治学态度、治学风尚和治学方法，是学校教育生态的凝练。高职学生长期生活于校园中，浸润在怎样的学习氛围中，一定程度上决定了其学习发展走向。在访谈中，许多受访者认为自己所在的学校学习风气与氛围并不理想，也有用人单位明确表示高职院校的学风不如本科院校。

"客观上，由于目前高职院校的生源和资源都远远比不上普通综合类高校，因此这种环境也影响了其学习和提高。"（E2-653）

从量化数据也可以发现，学习观—学习条件观中的"良好的学习环境对学习很重要"题项分值高于学习观整体平均值，这说明高职学生对学习环境的认可度很高。但同时，学习策略—情感策略中的"学习受到外界干扰时，会鼓励自己坚持完成""学习时会主动避开容易使自己分心的事情"两题项分值低于学习策略整体平均值，表明高职学生应对外界环境干扰的策略运用水平不足。学习观与学习策略在外界环境方面的数据结果正说明了当前高职学生一方面高度认可外界环境对学习的作用，另一方面又缺乏足够的策略以处理现实中外界环境的不理想，从而容易产生无能为力感，不利于学习力的充分发展。因而，从高职院校"可为"的角度出发，学风培育将是学习者学习力提升的一种有效手段。从高职院校的实际情况出发，学风的铸造要"软硬兼施、虚实相合"：一是以优良教风带动学风，以校园文化培育学风，以管理服务树立学风，通过言传身教、思想浸润等"软"方式促使学习者增强主体性参与和情感投入，让学习成为高职学生内心向往的自发行为。思想政治教育是学风建设的根基，对被称为"互联网原住民"的这一批高职学生而言，当前网络信息高度发达，他们并不缺乏知识和信息的供给。如何在纷繁多样的信息网络中帮助学生明辨是非、树守理想，才是当前高职院校在进行学风建设时应该重点思考的。有效的思想政治教育可以加强学习者的主体性参与和情感投入，让学习成为内化于心的自发行为，形成群体性的良好学习风气。二是要通过实施预警机制和淘汰机制等"刚性举措"来巩固学风建设成效，严格考试纪律、严把毕业关口、严格控制毕业率，把有底线的预警和惩戒手段相结合，对高职学生学习行为予以规范和约束。

（二）人的因素：师长关切和朋辈互动是重要动力

人的因素是构成大学独特精神的要义所在。学习力本质的"人本性"决定其发展离不开人的因素。对高职学生而言，人的因素主要包括师长及朋辈影响。本研究量化数据显示，"能从老师和同学处获得有效帮助"题项的分值是整个维度中的最高分。

师长关切主要指的是对个体学习的密切关注，以通俗话语表达，即"上心"，通过直接或间接、显著或隐匿的方式来带动学习者个体对学习的深度参与，进而影响学习者的学习力。尽管教育是一个复杂的系统，包含着若干互相联系的要素，但其中最为核心的仍然是"教"与"学"，学校教育尤为如此。高职教育特性决定了学习者在学制期间绝大部分时间将在校园内度过，也因此，高职学生在学制期间所受到的系统性教育将主要来自课堂上的教学，且在教育活动中教师应当自觉地成为典型关切者。在这种情况下，要确保教育质量，教学者必然要进入一种"关切"状态。这种"关切"首先体现为"心中有生"。从师生关系的层面来看，教师的关切是对学生现实的不断逼近，将心比心地深度理解学生的差异、其过去现在、各方面所受到的影响，最终归旨于理解每一个学习者都有其自身生长的活力①。这种关切是主动的、进取的，既是一种为师者的职业操守，更是一种育人者的情感本能。师长关切还可以是"濡染式润物无声"。梅贻琦先生曾将学校比喻为水，师生比喻为鱼，生动地诠释了师生的行动仿佛游泳，学生对教师的追随学习是一种"从游"，从游久了，"濡染观摩之效自不求而至，不为而成"。教学者与学习者，就犹如水中之鱼，教师是导游者，学生是从游者。学问得到薪火相传，情操得以濡染陶冶。与前一种"关切"状态相比，这种更为强调体悟和共情，对教学者的专业素养、道德情操有更高的要求，犹如诗人杜甫所言"随风潜入夜，润物细无声"。不论"关切"状态是外显还是内隐，其生成与实现，使师生共同融入一个"走向彼此成长的共同体"，促进了学习主

---

① 钟芳芳，朱小蔓．教师关切情感的逻辑及其实践路径——兼论当代师生关系危机［J］．中国教育学刊，2016（11）：67-74．

体对学习活动的深层参与。

朋辈互动也是推动高职学生学习力的重要手段。在学习活动中，同伴切磋往往能产生积极效应。社会心理学理论对此有这样的解释：同辈群体作为重要的社会化因素，其成员之间会相互模仿、互相认同、交流经验，在价值观、态度等方面彼此传递了行为模式和各种信息，对青少年的影响甚至超过对父母和教师的影响。就学习活动来说，同辈榜样能传递一种行为的功能价值信息，因而可以激励同伴更加努力，在学习上更进一层。可通过组建学习团队、"帮学领学"等合作探究的方式，使学习者在互助的氛围中得到学习力滋养，也可通过适度竞争、科学奖惩的方式推动学习者比学赶超。

三、迭代条件：转化耦合社会需要

从学理维度谈学习力价值固然重要，但如果缺乏社会需要，学习力成效难以得到验证。因此，高职学生学习力要通过转化达成与社会需要的耦合，这是高职学生学习力问题的关键一环，更是学习力从理论向实践延伸迭代的重要条件。

（一）转化平台：校企从"双主体"走向"一体化"

高职教育的一大特色在于"校企合作"，也有"工学结合""产教融合""产学研用"等提法。但无论哪一种说法，这种模式能否让两个转化力平台协同共赢、真正促进学习者学习转化力提升，归根结底要落脚于双方利益诉求点的融合。

从双方利益诉求的角度看，主要有三个方面需要协调。一是对人才的价值判断不同。企业需要获得利益，以迎合市场需求为遵循，需要"跟跑"市场的人才。学校方的教育属性决定了其以人的发展为主旨，除了"跟跑"市场，还应该适当"领跑"市场，才能反过来推动经济社会发展，双方对人才的价值判断不同。二是对师资的期待不同。企业希望从学校处获得专家顾问型师资力量，以寻求企业顶层设计、战略规划、技术突破等方面的指导，往上寻得突破。学校希望破除师资建设的学术化倾向，培养"双师型"教师，即既具有一定理论知识，又具备一线技能指导能力。三是对成果使用的需求不同。学校的人才培养要跟上社会发展脚步，需要有业内标准进行指导，包括制度、规格、设计等，这些恰恰是企业方需要谨慎处理的，因为往往涉及知识产权或内部信息。

解决以上三方面的不协调，要从教育行政部门的立场，引导校企双方从"双主体"走向"一体化"，形成深度融合的利益共同体。让高职院校在政策制度框架内尝试介入多元化办学主体，同时人才培养问题也成为企业这个办学主体应该考量的重要问题，让效益问题也成为学校办学质量的重要考核指标。把校企文化融合作为促进校企深度的重要内容来建设，探索建立校企文化共同体、命运共同体。如此，学习者的知识学习便不再仅限于校内平台，实训环节也不是只有企业才能解决的问题，而是"学习即工作、工作即学习"，共同研发打造可以投入市场使用甚至具有一定社会影响力的成果。在此基础上，双方对人才的价值判断、师资的期待、成果使用的需求都将得到更大程度的统一，为学习者学习力转化扫除了平台、资源、体制等桎梏，也为学习者提供了更为顺畅的学习转化力发展空间，从而推动学习力提升。

（二）耦合条件：前瞻性调研与升维培养同步开展

学习力与社会需要的耦合并非只靠"跟跑"来实现，还需要强化"领跑"功能。因此，教育行政部门或学校每年定期开展回顾性调研的同时，应同步开展社情与市场前瞻性调研，对行业发展前景和社会需求进行预判，以增强高职学生学习力与社会需要的耦合适配。同时，要强调对高职学生开展从操作层面到思维层面的升维培养。在前文对高职学生学习力面临挑战的分析中发现，高职学生学习力特别是学习能力方面与其他教育形式所培养人才相差无几，一般都遵循着学习能力在认知过程、操作控制过程的规律，但在学习能力上有所不同。高职教育提倡"精准育人"，即所培养的人才能够精准对接市场需求，实现一毕业即上岗的无缝对接式就业，这是符合其人才培养定位的，因此学习者需要特别关注操作度、熟练度方面学习能力的培养，不仅要实现操作熟练上的"会做"，而且要实现运用效果上的"做好"，甚至要掌握"知道怎样做更好"的思维技能，不仅能够被企业和市场立刻接纳使用的员工，还能适应快速发展的未来社会，持续实现自己的个人价值与社会价值。从学习者的角度出发，这种学习力的升维培养，实质上是将培养中心从要求学习者"精准对接"市场需求的"以市场为中心"角度向关注学习者"可持续发展"的"以学习者为中心"角度转变。因而校方要明确高职学生培养定位，强化课程设计针对性和升维性，既不能直接用本科相关学科的教学质量国家标准来指导人才培养方案制定，也应避免长期沿用老旧的课程体系设计，还要密切对接行业企业标准使课程设计常用常新，让高职学生所获得的学习力不仅是适用于当下的、短期的，还能推动和影响长期和未来的。

四、实践保障：纳入政策文本和评估设计

学习力发展离不开教育体制机制的完善，但目前高职学生学习力实践还缺乏政策制度和评估指标的配套，致使高职学生学习力问题"重视有余落地不足"。因此，推动高职学生学习力实践需要在政策制度上明确方向、深化探索，同时要构建重视学生学习发展的教育评估机制。

（一）教育政策：从宏观把握走向具体指引

教育政策是指导教育实践的纲领，其本质是对社会教育资源进行分配和控制，发挥着价值导向作用。高职学生学习力需要得到政策支持。《国家职业教育改革实施方案》明确指出"职业教育与普通教育是两种不同教育类型，具有同等重要地位"，这就为高职教育的发展拓宽了政策空间。近年来国家教育政策逐渐将"学习"纳入文本中，对学习者学习发展予以关注，明确了宏观大方向，下一步需要对"如何做"进行具体探索。首先，教育行政部门要根据国家的上位政策要求，制定适应本地高职教育实际的下位政策，细化有关高职学生学习力发展的相关举措，使高职学生学习力在教育政策支持环境中获得实践指引。高校要通过大学章程的制定、教学制度的调整、教师评聘和绩效考核的改革等，将资源集中到做好学习服务上，同时探索建立一套适合本校学生实际的学习力档案体系，加强高职学生学习过程管理，让学习不至于成为学生考前才重视的"门面事"，而真正成为"每日必修课"。其次，入学等配套制度的完善。高职教育被轻视的现象与其生源来自

被本科筛选过有关，生源质量在入学考试时已经被区分等次，使高职教育呈现"二等教育"的面貌。因此，制度拉动地位需要从生源的入学考试改起，让高职教育真正成为与本科教育并列、同等重要的类型教育。最后，学位制度、学分银行制度、专业设置制度等要逐步完善，使高职院校和本科学校所颁发的学位证书具有相同的等级和效用，逐步构建以学分银行和国家资历框架为核心的评价机制，完善配套制度以健全高职教育人才培养保障体系。

（二）教育评估：从关注"教"到重视"学"

传统教育评估主要是以教师"教"的效果来反映学生"学"的效果，但关注个体学习力要求将评估的中心转向"学"，即从聚焦资源投入产出和软硬件指标转变为更微观的、以学习者为中心的范式。目前已有的高职教育质量报告将政府责任、教学改革、国际合作、服务贡献、学生发展等维度纳入考察，其中，"学生发展"维度从学生发展情况、教育教学情况、社会服务情况、实践教学情况等指标进行构建，仍然可以感受到鲜明的"教"的意味。显然，指向"学"的教育评估范式还有待深化。强调"学"的教育评估应密切围绕学生发展进行设计，其中面向学习部分建议以学习力指标为切入点，纳入学习动力、学习能力、学习毅力、学习转化力各要素，同时加强对影响因素的关注，如本书提到的学习观、学习策略等相关学习变量，探索是否有其他学习要素对高职学生学习发展产生影响、如何产生影响，通过考查学生学习品质验证高职教育质量，使高职学生学习力实践在关注"学"的教育评估方式中获得指标依据和行动指引。

结束语　高职学生学习力的价值旨归

雅斯贝斯在其著作《生存哲学》中谈道，"每个事实都有无限的解释和再解释的可能"。即便对高职学生学习力分析至此，该问题未来仍然具有无限的延伸可能。任何一个值得被挖掘的问题，都必然具有其历史或现实、学理或实践、过去或未来的深刻价值，高职学生学习力问题的未来延伸，要建立在它本身价值之上。

首先，探讨高职学生学习力旨在回归"以学为中心"的学习生态。

学习力强调学习者在经验中使其自身状态产生动态变化，这与人本主义的"以学为中心"教育观高度呼应——教育的目标是促进学生的变化和学习，使学生能够适应变化并且知道如何学习。处理好"变化和学习"是构建"以学为中心"学习生态的关键环节。但现实中学习生态的构建往往较大程度地依赖于教学方，特别在学校教育中，学习生态中的必要组成如学习环境、学习设备、学习方式、学习进度等几乎都需要通过教学方来制定，学习方在学习生态构建中的影响是匮乏甚至缺失的。处理好"变化和学习"问题的实质是处理好现实中"教"和"学"的关系问题，这正是学习力的内在归旨。一方面，探讨学习力要求教与学走向"全时空"。传统教学关系中，教学方承担主导作用，因此"学"跟"教"走。但学习力与学习者共生共存，"学"是全过程的且为目的，为"学"而"教"，学习生态不只拘泥于规定时间、规定地点的师生面对面进行知识传授的过程，而是无处不在，随时随地。另一方面，探讨学习力使教与学双方需求走向"同频率"。教学方如果无法真正了解学生需求，或不能促进学生的变化和学习，学习生态就仍然是教学方所主导的生态，所满足的就仍然是教学方的需求。高职学生学习力问题必然包括了学习需求问题，关注学习力实质上就关注了上文谈到的"变化和学习"问题，探索这一问题的过程实质就是一个"知己知彼"的过程，在这个过程中，学习者的发展需求和教育者的初心寻得高度契合点，最终促使学习生态回归"使学生能够适应变化并且知道如何学习"的状态。

第二，探讨高职学生学习力问题彰显了"育人为本"的教育本体功能。

学习力本质的"人本性"高度呼应"育人为本"这一教育的质的规定性。"育人为本"旨在为每个学习者乃至一切人的自由发展提供条件，在教育发展中以满足人的需要、扩大人的能力、提升人的自由个性发展、实现人的全面发展为教育的终极目标，这是教育的本体功能，也是最基本的学科立场。"育人为本"的功能体现成为几乎所有教育行为的内在灵魂，甚至凝练为各种教育组织的办学理念、校训等，却并非在任何教育活动中均能得到彰显，可见其重要性及实现的挑战性。探讨高职学生学习力问题关乎高职教育本体功能如何彰显和实现的问题。一是探讨学习力问题首先要求教育对社会的适应要相对独立和适当前瞻。学习力强调个体发展更具有生命力，个体在当前及未来都能因保持良好的学习力而应对各种变数环境，绝非一味"跟跑"社会需要，必要时要能"领跑"。因此，在大谈"无缝上岗"的今天，重视学习力即重视个体发展在社会适应中的重要性。二是探讨学习力问题指向"人的发展"。学习力的前置主语是"人"，从人的发展角度来看，学习力帮助人从横向上实现全面发展，即德智体美劳全面、和谐、充分的发展，纵向上帮助人实现可持续发展，即终身具有发展的可能和优势，从而在对象、目的和方式上，彰显"育人为本"的教育本体功能。

第三，探讨高职学生学习力问题有助于重构"学习成效"的价值判断。

学习力内涵的"复合性"使学习力评价更加抽象和复杂，但同时提供了关于"学习成效"判断的多种可能。学习成效作为学习后产生的结果，常用评价指标有关注阶段性结果的"学习成绩"、侧重教学直观感受的课堂表现或课后作业等。学习成绩好、课堂表现优、课后作业水准高等指标显然不能与学习成效好完全画上等号，但在实际教育活动中，其直观便捷易操作的特性使人们更倾向于依赖这些固有指标作为判断。学习力的出现可以重构"学习成效"的价值判断，将原先这类固有指标融入学习力评估体系中，为新的学习生态下如何评价"学习成效"提供多元化参考。首先，学习力为"学习成效"评价增加了定性比重。学习力内涵的"复合性"能够较大程度地体现学习者的学习状态，使"学习成效"的判断除了成绩、作业等定量数据，还有观察、访谈、实践等定性方式，且更侧重于通过对学习者状态改变的把握来判断。其次，学习力强调将执行转化纳入"学习成效"评价。与常见的结果性评价不同，学习力将学习者对知识在现实中的转化视为重要的"学习成效"验证标准。学习力视域中的学习层级递进需要学习者将知识转化为实践来实现，即理论层面上的知识掌握还不足以视为学习有所成效的指标，还应包括学习者能够运用所学知识并对现实世界产生作用，以此连接下一层级的学习。

第四，探讨高职学生学习力问题推动人的发展走向"全面而自由"。

马克思在《资本论》中写道，"共产主义是以每个人的全面而自由的发展为基本原则的社会形式"。可见，人的全面发展问题在马克思主义中具有重要地位，更是未来人类社会形式中的重要标志。人的全面发展既是一种理想，又存在于现实中，具有四个方面的内涵：完整发展、和谐发展、多方面发展、自由发展。当人的发展达到这样的要求，就形成人的高质量发展。关注人的发展是教育的本体功能，与关注学习者学习力问题同频共振。源起于系统动力学原理的学习力理论，更关注人或组织作为一个系统如何通过各要素提升以及各要素运作达到整体优化的效果，强调学习者个体各方面素质的协调发展和有序运作，不会只发展人的某一方面而偏废了其他方面，造成畸形发展。因此，学习力指向人的完整发展，强调了人的发展要关注基本素质的完整，不因某方面表征而否定一个人的整体素质；学习力强调人的发展要和谐，不因某方面素质的过度短缺而造成整体发展的失衡；学习力强调人的发展要多方面，要挖掘学习者的价值和不同才能，最大限度地根据个人发展的需要和社会生活的要求进行；学习力强调人的发展要自由，尊重学习者在自身发展上的自由选择，让学习者在学习过程中破除壁垒和局限，发展自己的优势。

有鉴于此，高职学生学习力问题值得继续深入探索。但本书所谈仅是高职学生学习力问题的一种理论铺垫，也仅是在"职业教育前途广阔、大有可为"科学论断下的初步探索，还有一系列理论、政策、实践层面的东西需要去关注、研究和落实。未来，高职学生学习力研究之路仍待求索，但我们有信心将这条路越走越阔！

参考文献

中文部分

[1] 白明亮. 论教育的相对独立性[J]. 教育研究与实验, 1999(04): 9-12.

[2] 白娟, 周丽, 檀祝平. 高职学生学习力评价体系构建研究[J]. 中国职业技术教育, 2018(23): 35-41.

[3] 鲍威. 未完成的转型——普及化阶段首都高等教育的人才培养与学生发展[J]. 北京大学教育评论, 2010(01): 27-44.

[4] 曹立人, 王婷, 朱琳. 高中生学习力的影响因素研究[J]. 心理与行为研究, 2016: 14(06), 773-778+787.

[5] 陈国卫, 金家善, 耿俊豹. 系统动力学应用研究综述[J]. 控制工程, 2012(06): 921-928.

[6] 陈坤, 梁星星, 沈小碚. 论学生学习力的内涵、形成与涵养[J]. 当代教育科学, 2018(03): 41-46.

[7] 马茨·艾尔维森, 卡伊·舍尔德贝里. 质性研究的理论视角: 一种反身性的方法论[M]. 陈仁仁, 译. 重庆: 重庆大学出版社, 2009.

[8] 陈玉琨, 杨晓江. 高等教育质量保障体系概论[M]. 北京: 北京师范大学出版社, 2004.

[9] 陈维维, 杨欢. 教育领域学习力研究的现状和发展趋势[J]. 开放教育研究, 2010(02): 40-46.

[10] 陈向明. 质的研究方法与社会科学研究[M]. 北京: 教育科学出版社, 2000.

[11] 杜晓新, 冯震. 元认知与学习策略[M]. 北京: 人民教育出版社, 1999.

[12]高竟玉.高职学风建设的现状、问题及其对策[J].职教论坛,2011(29):89-90+93.

[13]谷力.学习力——个体与环境相互作用的产物[J].上海教育科研,2009(07):66-67.

[14]谷生华,辛涛,李荟.初中生学习归因、学习策略与学习成绩关系的研究[J].心理发展与教育,1998(02):3-5.

[15]谷小燕.教育改革:仍然在公平与质量之间权衡吗?[J].比较教育研究,2012(02):18-25.

[16]龚芸.对高职学生学习状况的调查[J].职教论坛,2010(09):83-85.

[17]光霞.我国学习力研究十年[J].课程教学研究,2013(11):17-22.

[18]郭思文,李凌艳.影响学生学习素养的环境因素测评:PISA的框架、内容及政策影响[J].比较教育研究,2012(12):86-90.

[19]贺文洁,李琼,李小红.中学生学习力:结构、类型与影响因素研究[J].教育学报,201713(04):79-88.

[20]贺武华."以学习者为中心"理念下的大学生学习力培养[J].教育研究,2013(03):106-111.

[21]胡斌武.学习策略的结构探析[J].西南师范大学学报(哲学社会科学版),1995(03):121-123.

[22]胡金生,范超,李翠君,殷雪琪.中文版学习观量表的适用性[J].辽宁师范大学学报(社会科学版),2010(04):44-47.

[23]黄海涛.美国高等教育中的"学生学习成果评估":内涵与特征[J].高等教育研究,2010,31(07):97-104.

[24]黄小欧,庞学光.高职学生学习力评价蛛网模型建立与初步运用[J].高教探索,2019(01),85-90.

[25]洪友.21世纪技能:为我们所生存的时代而学习[M].天津:天津社会科学院出版社,2011.

[26]贾新华.高职院校学风建设问题研究[J].黑龙江高教研究,2011(03):96-98.

[27] 贾绪计, 王泉泉, 林崇德. "学会学习"素养的内涵与评价 [J]. 北京师范大学学报 (社会科学版), 2018 (01): 34-40.

[28] 金银凤, 裴育. 高等教育考试改革中的利益相关者分析 [J]. 山西财经大学学报: 高等教育版, 2005, 8 (3): 49-54.

[29] 柯比. 学习力 [M]. 金粒, 译. 海口: 南方出版社, 2005.

[30] 孔企平. 论学习方式的转变 [J]. 全球教育展望, 2001 (08): 19-23.

[31] 李洪玉, 何一粟. 学习能力发展心理学 [M]. 合肥: 安徽教育出版社, 2004.

[32] 李文. 高职在校生自助学习现状调查研究 [J]. 中国职业技术教育, 2021 (29): 66-74.

[33] 李佑成, 方丽华. 高职成为我国高等教育新的增长点 [J]. 成人教育, 2007 (1): 61-62.

[34] 李玉静, 荣国丞. 高等职业教育高质量发展报告——基础与方向 [J]. 职业技术教育, 2021 (36): 7-16.

[35] 林梅. Be Bad First [M]. 苑东明, 译. 上海: 电子工业出版社, 2017.

[36] 约翰·洛夫兰德. 分析社会情境: 质性观察与分析方法 [M]. 林小英, 译. 重庆: 重庆大学出版社, 2009.

[37] 刘滨. 高职学生学习动机特点的初步研究 [J]. 心理科学, 2009 (03): 724-726.

[38] 刘滨. 高职学生学习策略特点的初步研究 [J]. 心理科学, 2010 (01): 247-249.

[39] 刘电芝, 黄希庭. 学习策略研究概述 [J]. 教育研究, 2002 (02): 78-82.

[40] 刘加霞, 辛涛, 黄高庆, 申继亮. 中学生学习动机、学习策略与学业成绩的关系 [J]. 教育理论与实践, 2000 (20): 54-58.

[41] 刘儒德. 学生的学习观及其对学习的影响 [J]. 教育理论与实践, 2002 (09): 59-62.

[42] 刘儒德, 宗敏, 刘治刚. 论学生学习观的结构 [J]. 华东师范大学学报 (教育科学版), 2005 (03): 49-67.

[43] 刘育锋. 论澳大利亚职教法对我国职业教育法修订的借鉴意义 [J]. 职教论

坛, 2011（01）：86-91.

[44] 陆根书, 于德弘. 学习风格与大学生自主学习 [M]. 西安: 西安交通大学出版社, 2003.

[45] 陆根书, 程光旭, 杨兆芳. 大学课堂学习环境论——课堂学习环境与大学生学习及发展关系的实证分析 [M]. 西安: 西安交通大学出版社, 2010.

[46] 连榕, 杨丽娴, 吴兰花. 大学生的专业承诺、学习倦怠的状况及其关系 [J]. 心理科学, 2006（01）：47-51.

[47] 梁迪, 胡芬. 有效提升大学生学习力的思考 [J]. 江苏高教, 2009（06）：82-83.

[48] 马丁, 郑兰琴. 大学生学习策略现状及学习方法培养策略研究 [J]. 中国电化教育, 2008（07）：39-44.

[49] 马东明, 郑勤华, 陈丽. 国际"终身学习素养"研究综述 [J]. 现代远距离教育, 2012（01）, 3-11.

[50] 伯克·约翰逊, 拉里·克里斯滕森. 教育研究: 定量, 定性和混合研究方法 [M]. 马健生, 等, 译. 重庆: 重庆大学出版社, 2015.

[51] 潘懋元. 东南亚教育 [M]. 南京: 江苏教育出版社, 1988.

[52] 潘懋元. 潘懋元文集·理论研究卷二（下）[M]. 广州: 广东高等教育出版社, 2010.

[53] 潘懋元. 潘懋元文集·问题研究卷三（下）[M]. 广州: 广州高等教育出版社, 2010.

[54] 裴娣娜. 学习力诠释学生学习与发展的新视野 [J]. 课程·教材·教法, 2016（07）：3-9.

[55] 彭希林. 论学习力 [J]. 黑龙江教育（高教研究与评估）, 2007（1\2）：97-99.

[56] 瞿静. 论学习力理念从管理学向教育学领域的迁移 [J]. 教育与职业, 2008（03）：64-66.

[57] 任苏民. 叶圣陶"教是为了不教"的理论意蕴与现实意义 [J]. 教育研究, 2017, 38（11）：124-129.

[58] 任占营. 职业教育提质培优的现实意义、实践方略和效验表征 [J]. 中国职

业技术教育, 2020 (33)：5-9.

[59] 荣泰生. SPSS与研究方法 [M]. 大连市：东北财经大学出版社, 2012.

[60] 山子. 学习力，是伟大发现，还是子虚乌有？[J]. 基础教育, 2014 (05)：5-15.

[61] 孙翠香, 林静. 美国高等职业教育：现状、特点与启示 [J]. 教育研究, 2015, 76 (36)：73-78.

[62] 孙芳. 高职学生学习力提升 [J]. 教育与职业, 2013 (11)：190-191.

[63] 史耀芳. 学习策略及其培养 [J]. 江西教育科研, 1994 (02)：36-38.

[64] 史耀芳. 二十世纪国内外学习策略研究综述 [J]. 心理科学, 2001 (05)：586-590.

[65] 沈书生, 杨欢. 构建学习力：教育技术实践新视角 [J]. 电化教育研究, 2009 (06)：13-16.

[66] 沈勇. 学习力：教育发展的生产力 [J]. 辽宁教育, 2017 (04)：47-48.

[67] 诺曼·郎沃斯. 终身学习在行动——21化纪的教育变革 [M]. 沈若慧, 等, 译. 北京：中国人民大学出版社, 2006.

[68] 时蓉华. 社会心理学 [M]. 杭州：浙江教育出版社, 1998.

[69] 田芸, 欧阳河. 国外学生评价高职教育服务质量的现状及启示——以美国、澳大利亚、加拿大、英国为例（一）[J]. 职教论坛, 2011 (04)：81-85.

[70] 吴明隆. SPSS统计应用实务 [M]. 北京：科学出版社, 2013.

[71] 吴也显, 刁培萼. 课堂文化重建的研究重心：学习力生成的探索 [J]. 课程·教材·教法, 2005 (01)：19-24.

[72] 吴智泉, 罗映霞, 赵楠. 美国社区学院学生参与度调查方法与启示 [J]. 职业技术教育, 2015, 2 (07)：70-75.

[73] 吴遵民. 终身教育的基本概念 [J]. 江苏开放大学学报, 2016, 27 (01)：75-79.

[74] 伯顿·克拉克. 高等教育系统——学术组织的跨国研究 [M]. 王承绪, 等, 译. 杭州：杭州大学出版社, 1994.

[75] 王朋. 学生·教师·学习：美国大学教学评价的路径演变——基于约翰·比格斯的3p教学模型 [J]. 高教探索, 2017 (10)：52-57.

[76] 王其藩. 系统动力学 [M]. 上海：上海财经大学出版社, 2009.

[77] 王文科, 王智弘. 教育研究法 [M]. 台北：五南出版社, 2014.

[78] 王学臣, 周琰. 大学生的学习观及其与学习动机、自我效能感的关系 [J]. 心理科学, 2008（03）：732-735.

[79] 王亚鹏, 唐柳. 高职教育适应性：内涵、目标、逻辑及机制 [J]. 职业技术教育, 2021（28）：37-43.

[80] 王振宏, 刘萍. 动机因素、学习策略、智力水平对学生学业成就的影响 [J]. 心理学报, 2000, 32（1）：65-69.

[81] 夏雪梅, 杨向东. 核心素养中的 "学会学习" 意味着什么 [J]. 课程·教材·教法, 2017（04）：106-112.

[82] 许佩卿. 学习力及其作用. 教书育人 [J]. 高教论坛, 2011（10）：76-77.

[83] 薛栋, 文静. 满意度视域下高职院校学生学习质量实证研究 [J]. 职业技术教育, 2015, 36（13）：44-48.

[84] 阎广才. 教育研究中量化与质性方法之争的当下语境分析 [J]. 教育研究, 2006（02）：47-53.

[85] 杨欢, 沈书生, 赵慧臣. 英国ELLI项目学习力理论解读及启示 [J]. 外国中小学教育, 2009（09）：44-48.

[86] 张爱卿. 动机论：迈向二十一世纪的动机心理学研究 [M]. 武汉：华中师范大学出版社, 1999.

[87] 张海宁. 澳大利亚南澳洲TAFE教育模式的运行机制 [J]. 中国职业技术教育, 2018（28）：76-80.

[88] 张康之, 张干友. 对共同体演进的历史考察——兼论人文社会科学研究的共同体视角 [J]. 西北大学学报（哲学社会科学版）, 2008（04）：94-102.

[89] 张力菠, 方志耕. 系统动力学及其应用研究中的几个问题 [J]. 南京航空航天大学学报（社会科学版）, 2008, 10（3）：43-48.

[90] 张庆林. 当代认知心理学在教学中的应用 [M]. 重庆：西南师范大学出版社, 1995.

[91] 张声雄. 第五项修炼导读 [M]. 上海：上海三联书店, 2001.

［92］张仲明. 学习能力理论研究述评［J］. 西南师范大学学报哲社版，2004
（04）：136-139.

［93］钟芳芳，朱小蔓. 教师关切情感的逻辑及其实践路径——兼论当代师生关
系危机［J］. 中国教育学刊，2016（11）：67-74.

［94］周国韬，张平，李丽萍，刘晓明. 初中生在方程学习中学习能力感，学习策略
与学业成就关系的研究［J］. 心理科学，1997（04）：324-328+384.

［95］周建高. 日本的终身学习：从摇篮到坟墓［M］. 天津：天津人民出版社，
2010.

［96］祖燕飞，祖健，吴晓鸣. 大学生学习观的调查研究［J］. 安徽工业大学学报
（社会科学版），2014（05）：148-149.

［97］郑伟波，孙明帅. "学习力"概念辨析及要素综述［J］. Proceedings of 2013
International Conference on Economic, Business Management and Education
Innovation, 2013：606-611.

外文部分

［1］Bahri Arsad, Idris Irma Suryani, Muis Hasmunarti, Arifuddin Muh, Fikri
Muh Jibran Nidhal. Blended Learning Integrated with Innovative Learning
Strategy to Improve Self-Regulated Learning［J］. International Journal of
Instruction, 2021, 14（01）：779-794.

［2］Bandura A. Self-efficacy：The Exercise of Control［M］. New York：W. H.
Freeman, 1997.

［3］Biggs J. B. Teaching for Quality Learning at University（2th ed.）［M］.
Philadelphia：Open University Press, 2003.

［4］Blaylock Guyla D., Huynh Bao. Learning to Learn：Developing Learning
Power［J］. Journal of Applied Research in the Community College, 2018, 25
（02）：57-64.

［5］Bueh M. A., Lexander P. A. Beliefs About Academic Knowledge［J］.
Educational Psychology Review, 2001, 13（4）：385-418.

[6] Bransford J., Sherwood R., Vye N., Rieser J. Teaching Thinking and Problem Solving: Research Foundations [J]. American Psychologist, 1986, 41 (10): 1078-1089.

[7] Chand Zhu, Valcke M., et al. A Cross-cultural Study of Chinese and Flemish University Students: Do They Differ in Learning Conceptions and Approaches to Learning? [J]. Learning and Individual Differences, 2008 (18): 120-127.

[8] Crick R. D. Learning Power in Practice: A Guide for Teachers [M]. London: Paul Chapman, 2006.

[9] Crick R. D., Broadfoot P., Claxton G. Developing An Effective Lifelong Learning Inventory: The ELLI Project [J]. Assessment in Education Principles Policy and Practice, 2004 (3): 168-192.

[10] Claxton G. Expanding Young People's Capacity to Learn [J]. British Journal of Educational Studies, 2007, 55 (2): 115-134.

[11] Danserau D. F. Learning Strategy Research [J]. Thinking and Learning Skills: Relating Instruction to Research, 1985 (01): 209-239.

[12] David Kaminski-Morrow. The Learning Power of PISA [J]. Flight International, 2021: 18-19.

[13] Davies Nicola. It Pays to Maximise Your Learning Power [J]. Nursing Standard, 2015, 30 (01): 66.

[14] Deakin Crick, Huang, Ahmed Shafi, Goldspink. Developing Resilient Agency in Learning: The Internal Structure of Learning Power [J]. British Journal of Educational Studies, 2015, 63 (02): 121-160.

[15] Demetriou A., Spanoudis G., Mouyi A. Educating the Developing Mind: Towards An Overarching Paradigm [J]. Educational Psychology Review, 2011 (23): 601-663.

[16] E. J. Van Rossum, Simone M. Schenk. The Relationship Between Learning Conception, Study Strategy and Learning Outcome [J]. British Journal of

Educational Psychology, 1984, 54（01）: 73-83.

[17] Erik Jan van Rossum, Rien Deijkers, Rebecca Hamer. Students' Learning Conceptions and Their Interpretation of Significant Educational Concepts [J]. Higher Education, 1985, 14（06）: 617-641.

[18] Feeney Danielle M. Positive Self-Talk: An Emerging Learning Strategy for Students With Learning Disabilities [J]. Intervention in School and Clinic, 2022, 57（03）: 45-49.

[19] Freidson E. Professionalism Reborn: Theory, Prophecy and Policy [M]. Chicago: University of Chicago Press, 1994.

[20] Forrester J. W. A new corporate design [J]. Industrial Management Review, 1965, 7（1）: 5-17.

[21] Garavalia L. S., Gredler M. E. Prior Achievement, Aptitude, and Use of Learning Strategies as Predictors of College Student Achievement [J]. College Student Journal, 2002, 36（4）: 616-625.

[22] Hofer B. K., Pintrich P. R. The Development of Epistemological Theories: Beliefs About Knowledge and Knowing and Their Relation to Learning [J]. Review of Educational Research, 1997, 67（1）: 88-140.

[23] Jeannie Oakes, John Rogers. Radical Change Through Radical Means: Learning Power [J]. Journal of Educational Change, 2007, 8（03）: 193-206.

[24] Lynch D. J. Motivational Factors, Learning Strategies and Resource Management as Predictors of Course Grades [J]. Project Innovation, 2006, 40（2）: 423-428.

[25] Gettrick B. M. Emerging Conceptions of Scholarship, Service and Teaching [M]. Toronto: Canadian Society for the Study of Education, 2002.

[26] Makhambetova Aliya, Zhiyenbayeva Nadezhda, Ergesheva Elena. Personalized Learning Strategy as a Tool to Improve Academic Performance and Motivation of Students [J]. International Journal of Web-Based Learning and Teaching Technologies, 2021, 16（6）: 1-17.

[27] Marsh H. W. Causal Ordering of Academic Self Concept and Academic Achievement: A Multi-wave Longitudinal Panel Analysis [J]. Journal of Educational Psychologym, 1990, 82 (4): 646-656.

[28] Marton F., Dall'alba G., Beaty E. Conceptions of Learning [J]. International Journal of Educational Research, 1993 (19): 277-300.

[29] Marton F., Saljo R. The Experience of Learning: Implications for Teaching and Studying in Higher Education [M]. Edinburgh: Scottish Academic Press., 1997.

[30] Moll C. L. Vygotsky and Education: Instructional Implications and Applications of Social historical Psychology [M]. Cambridge: Cambridge University Press, 1990.

[31] Norman D. Memory and Attention: An Introduction to Human Information Processing [M]. New York: WILEY, 1969.

[31] Nuthall G. Learning How to Learn: The Evolution of Students' Minds Through the Social Processes and Culture of Classrooms [J]. International Journal of Educational Research, 1999 (31): 139-257.

[32] Pintrich P. R. An Achievement Goal Theory Perspective on Issues in Motivation Terminology, Theory, and Research [J]. Contemporary Educational Psychology, 2000 (25): 92-104.

[33] Plantic Diana. By Lifelong Learning Conception to Higher Competitiveness [J]. Economic Review, 2005,56 (1-2): 93-101.

[34] Prosser M., Trigwell K. Understanding Learning and Teaching: the Experience in Higher Education [M]. UK: SRE & Open University Press, 1999.

[35] Pokay P. , Blumendeld P. C. Predicting Achievement Early and Late in the Semester: The Role of Motivation and of Learning Strategies [J]. Journal of educational psychology, 1990, 82 (1): 41-50.

[36] Ruth Deakin Crick, Diane Haigney, Shaofu Huang, Tim Coburn, Chris

Goldspink. Learning Power in the Workplace: the Effective Lifelong Learning Inventory and its Reliability and Validity and Implications for Learning and Development [J]. The International Journal of Human Resource Management, 2013, 24 (11): 2255-2272.

[37] Ruth Deakin Crick. Learning How to Learn: the Dynamic Assessment of Learning Power [J]. The Curriculum Journal, 2007, 18 (02): 135-153.

[38] Senge P. M. The Fifth Discipline [M]. Shanghai Joint Publishing Press, 1994.

[39] Sholahuddin Arif, Susilowati Eko, Prahani Binar Kurnia, Erman Erman. Using a Cognitive Style-Based Learning Strategy to Improve Students' Environmental Knowledge and Scientific Literacy [J]. International Journal of Instruction, 2021, 14 (4): 791-808.

[40] Schommer M. Effects of Beliefs About the Nature of Knowledge on Comprehension [J]. Journal of Educational Psychology, 1990, 82: 498-504.

[41] Schommer M. Epistemological Beliefs and Mathematical Text Comprehension: Believing it is Simple Does Not Make it So [J]. Journal of Educational Psychology, 1992, 84 (4).

[42] Schommer M., Calvert C., Gariglietti G., Bajaj A. The Development of Epistemological Beliefs Among Secondary Students: A Longitudinal Study [J]. Journal of Educational Psychology, 1997, 89 (1): 37-40.

[43] Schommer M. Explaining the Epistemological Belief System: Introducing the Embedded Systemic Model and Coordinated Research Approach [J]. Educational Psychologist, 2004, 39: 19-29.

[46] Schommer M., Duell O., Hutter R. Epistemological Beliefs, Math- ematical Problem-Solving Beliefs, and Academic Performance of Middle School Students [J]. The Elementary School Journal, 2005, 105 (3).

[47] Sternberg R. J. Criteria for Intellectual Skills Training [J]. Educational Research, 1983, 12: 6-12.

［48］Stuart Thomas. Learning Power［J］. Nature Electronics, 2018, 1（09）: 493-493.

［49］Willis J., Willis M., Huijser H. Learning Power: Taking Learning Centredness Seriously in a Blended Learning Environment.［J］. Myths in Education, Learning and Teaching, 2015: 19-39.

［50］Zimmerman B. J., Martinezpons M. Construct Validation of A Strategy Model of Student Self-regulated Learning［J］. Journal of Educational Psychology, 1988,（80）: 284-290.